如何利用图表
在股市中获利

[美] 威廉·吉勒 William L. Jiler　著

姜世娇　译

HOW CHARTS
CAN HELP
YOU IN THE
STOCK
MARKET

中国青年出版社
CHINA YOUTH PRESS

图书在版编目（CIP）数据

如何利用图表在股市中获利 /（美）吉勒著；姜世娇译.
—北京：中国青年出版社，2007.1
ISBN 978-7-5006-6857-2

Ⅰ.①如… Ⅱ.①吉…②姜… Ⅲ.①股票—证券交易—基本知识 Ⅳ.①F830.91

中国版本图书馆CIP数据核字（2006）第165145号

William L. Jiler
How Charts Can Help You in the Stock Market
ISBN: 9780071426848
Copyright © 2004, 1962 by McGraw-Hill Education.
All Rights reserved. No part of this publication may be reproduced or transmitted in any form or by any means, electronic or mechanical, including without limitation photocopying, recording, taping, or any database, information or retrieval system, without the prior written permission of the publisher.
This authorized Chinese translation edition is jointly published by McGraw-Hill Education and China Youth Press. This edition is authorized for sale in the People's Republic of China only, excluding Hong Kong, Macao SAR and Taiwan.
Translation Copyright © 2007 by McGraw-Hill Education and China Youth Press.

如何利用图表在股市中获利

作　　者：（美）威廉·吉勒
译　　者：姜世娇
责任编辑：周　红
文字编辑：周晓彤　宋希晔
美术编辑：杜雨萃
出　　版：中国青年出版社
发　　行：北京中青文文化传媒有限公司
电　　话：010-65511272 / 65516873
公司网址：www.cyb.com.cn
购书网址：zqwts.tmall.com
印　　刷：大厂回族自治县益利印刷有限公司
版　　次：2007年1月第1版
　　　　　2022年10月第2版
印　　次：2022年10月第1次印刷
开　　本：787×1092　1/16
字　　数：158千字
印　　张：10.5
京权图字：01-2007-0248
书　　号：ISBN 978-7-5006-6857-2
定　　价：69.00元

为了预测股票市场的走势，华尔街尝试了所有的办法：从潮汐的高度到太阳黑子的周期。其中最实用的还是显示个股和大盘股价变化的图表。技术分析师在华尔街是很有影响力的；根据图形分析，机构投资者、共同基金和无数个人投资者决定何时买入和卖出股票。

——《时代周刊》

致　谢

这本书筹备多年，是许多人一起努力的成果。图形的形态需要仔细研究。在研究过上百种图形后，最终这本书里只选取了一小部分。作者把手头无数有关技术分析图表的资料整理、筛选和简化，目的是让这个复杂的课题变得简单易懂。

在此要特别感谢查尔斯·哈滕，他是从业超过25年的职业投资顾问和技术分析师，大部分时间致力于研究和写作。他完成了第8章"可测量走势"，也完成了其他章节的部分内容。著名金融作家约翰·赫斯完成了本书巨量的编辑工作。

也衷心感谢亨茨公司的市场专家史蒂芬·格林伯格、海登·斯通公司大宗商品研究部的总监理查德·唐奇安、汤姆逊麦金伦证券公司大宗商品部门的弗雷德·巴顿、巴奇公司的爱德华·安德伍德、商品调查局局长哈里·吉勒、投资顾问约瑟夫·卡普，以及梅勒公司的李斯特·维茨纳。

同时也要感谢两本技术分析畅销书的作者葛兰碧，以及海登·斯通公司的高级副总裁肯尼斯·沃德的帮助和鼓励。

在此也要感谢约瑟夫·凯斯尔曼为本书出版做出的巨大贡献，以及趋势线公司图形部人员为本书提供图形所做的工作。

威廉·吉勒

CONTENTS

目 录

前言

如果你在资本市场有投资，便时刻处于风险当中。这本经典之作便是为那些想要减少资本市场风险的人准备的。

基本面分析只是在股票市场成功的方法之一。即便拥有最健康的资产负债表，拥有每年或者每个季度持续增长的营收或利润，如果没有人愿意为这只股票支付更多的钱，也毫无意义。在安然公司财务丑闻被曝光很久之前，公司的股价走势图就已经崩塌。

你知道如何分析你所投资公司的股价走势图吗？如果没有关于形态和成交量的相关知识，市场交易者就是把他们自己置于和所赚取利润不匹配的、更大的、不必要的风险当中。

"买入持有"策略只适用于牛市，但是个股和大盘的牛市不会永远持续。宣称自己是"长期投资者"或者"买入持有者"不是不懂图形分析的借口。图形分析不仅仅为短线交易者服务，长线投资者也可以通过本书列出的图形和释义受益。更长的投资周期可以通过维度更长的图表来表示；可以用周线或者月线图来替代日线图。互联网上充斥着免费的股票图表链接，但是如果你不知道自己要找什么，这些免费的资源又有何意义？

股票图表提供了观察市场心理的特殊视角。一个公司的基本面在股价到达顶部的时候看起来是最好的，但是什么样的量价关系暗示机构正有序退出？这本书为你提供经过时间检验的案例，帮助你看清雪地里的脚印，减小"被套牢"的风险。

当冒险把资本投入到股票市场时，对于量价关系的技术评估是非常有必要的。威廉·吉勒的这本《如何利用图表在股市中获利》第一版在1962年出版。它经受住了时间的考验。

吉勒不会浪费任何人的时间。他列出了最重要的价格形态，并且用案例进行了详细剖析。

他把图表形象化，以简洁和直接的方式，对图形的解释和对成交量的观察让你更清楚地了解市场心理。

这本书在我的个人股票图书馆里收藏了很多年。希望它也能永驻于你的个人图书馆中。

保罗·切尼

标准普尔首席市场分析师

2003年10月

第 **1** 章

为投资者准备的工具

为什么一只股票50美元一股，而另一只却是100美元一股？

为什么同一只股票，有时候市场定价50美元一股，而有时会飚升到100美元？

有许多原因可以回答上述问题：公司的盈利、分红、净资产、未来的前景、宏观经济的展望、市场行为……无数的因素决定了股票价格。

如果一个勤奋的投资者能够了解到所有的信息，并且把这些信息平衡得很好，他应该能够预测到股票价格——至少理论上如此。然而，即便他能够精确计算IBM公司的每股盈利在过去十几年是如何增长，又怎能预测到，IBM的市盈率在20世纪40年代后期低至12倍，在50年代后期又达到了60倍呢？

很显然，50年代后期投资者信心高涨。市场的心理——即所有潜在买家和卖家态度的集合——是决定股票价格的一个重要因素。如果市场是"错的"，即便投资者对个别股票的判断"正确"也没有用。有多少次在公布完利好后市场下跌，而在公司前景黯淡的时候股票价格上涨？换句话说，"只有在投资人愿意付钱的时候，股票才有价值"。

所以，为了精确预测股票走势，理想的情况是拥有可靠的经济信息，并且掌握对大众心理的精准认知。这让人想起一个老笑话："如果我有一些火腿，我会做火腿鸡蛋，但前提是我得有一些鸡蛋。"事实是，没有人知道影响股票价格的所有因素——即使是那些自负的"内线"。可以确定的是，如果提前掌握关于每股盈利、分红、拆股、合并、发现新油田和研发新产品等的信息，确实有着巨大的优势。但是为了从这些信息中获利，那些内线——以及他们的亲戚们，一定会买入股票。这样一来，他们就会增加市场对这只股票的需求，正如卖出会增加股票的供给一样。无论在哪种情况下，买卖行为都会在市场留下痕迹，而警觉的投资人是有可能观察到这些信号的。

正如上面所分析，没有人能掌握决定股票价格的所有因素，所有在市场汇集的这些因素决定了供给与需求，从而影响到股票价格。**公司信息只有在能够给供给或需求施加决定性影响的时候，才能决定股票价格走势。**如果在某一个时点，需求（买盘）超过了供给（卖盘），价格就会走高；反之，如果供给超过了需求，价格就会走低。

股票图表（即股价走势图）提供了供给和需求的记录——反映了一只股票或者一群股票的交易历史，显示了成交量、交易价格和交易时间。

"图表解读"或"图形分析"的目的，是判断在各种价格上可能的需求强度和供给压力，**并基于此来预测股价可能移动的方向和目标。**

股票的历史走势提供了分析线索。在股票市场上，历史确实经常重复。股价走势图上的价格波动会以各种可辨识的形态呈现，每一种形态都预示着买压和卖压之间的关系。许多形态（或者说"图形"）预示着需求大于供给，有些预示着供给大于需求，还有一些暗示供求关系会继续维持平衡。

继续探讨之前，我们必须强调和澄清一点：不存在准确无误的股价预测系统。如果有的话，那么发明者终将会拥有市场上的所有股票。相反，图表往往容易让人误解——在本书中我将尽力讲解这一点，并且在最后一章指出图形判读可能遇到的陷阱。

幸运的是，不需要每次都对也能在股市中赚钱，只要对的次数多过错的次数即可。这个原则在赌徒中众所周知。谁说"庄家永远不会输"，事实上，庄家经常输——至少输的次数能够让顾客经常回来——但是这种数学概率的优势能够保证庄家在市场中成为长久的赢家。在股市中如何把握胜算？掌握全面精准的公司、行业与经济信息固然重要，但是了解股票走势的相关知识并熟悉股价形态，会帮助投资者决定何时买入、何时卖出。

现在，看看图表是如何绘制的（有经验的读者可以跳过这一章，但是如果他们能一直读下去我们会很高兴）。书中的这些图表——被广泛应用在价格预测上——叫作垂直线图（Vertical Line Charts），媒体经常用它分析股票走势。此外也有许多其他种类和变化——包括曲线图、条形图或用其他符号表示，有的用对数、平方根或算数刻度。许多分析师用摆动指标、移动平均线、各种比率或者点线图作为分析工具，每种方法都有自己的优点和作用。但是这些指标都要花很多时间跟踪，理解起来又相当复杂。

相反，任何人都能轻易地在较短的时间内理解和掌握垂直线图：它呈现了在某一特定时段内最关键的信息——最高价、最低价、收盘价和成交量。它也经受住了时间的检验，从19—20世纪之交开始就被广泛应用。许多出版物上也都能找到市场领头羊和大盘指数的垂直线图，它们也提供这些领头股票的即时更新的图形，读者可以很简单地构建和绘制自己感兴趣的股票图表。

图表可以显示每日、每周、每月甚至每年的价格变动。同一种图形在这些日线、周线、月线和年线上有着相同的预测效果——但是日线可以更快地显示出变化，所以本书中大部分图表是日线图。周线和月线用于研究更长期的趋势，本书中的一些章节也有这样的例子。

所有价格信息都显示在图表上，上面有相同刻度的横轴和纵轴。纵轴代表价格，横轴代表时间——日、周、月、年。报刊与股价收报机上的图表都是这样绘制的：制图者在股票当天最高价上标记一个点，在当天最低价上标记一个点，然后用一条直线连接这两个点，表示股价在当天的波动区间。然后用一条横线来标记当天的收盘价。举个例子，一只股票在10月15日交易的最低价为每股45美元，最高价为每股47美元，收盘价为每股46美元，如图1所示。

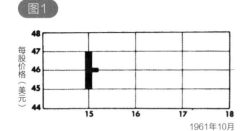

图1

1961年10月

周线、月线、年线图也用同样的方法绘制，每一条线对应的是某个时间段的股价表现。

图表下方要留出空白以添加一个重要的信息：每个时段的成交量。成交量被记录在有刻度的柱状图上（在报纸的市场栏目里，数量通常以"百股"或"张数"来记，如果不同的话会有额外说明）。

下面以通用汽车公司（GENERAL MOTORS）从1961年9月15日到10月15日的图表为例，说明走势图运用的方便性。先看下方的股价数据表：

图2

通用汽车

日期	最高价	最低价	收盘价	成交量
1961/9/15	48	47 ¼	48	37,100
1961/9/16	周六			
1961/9/17	周日			
1961/9/18	48	47	48	38,200
1961/9/19	48	47 ⅜	47 ⅜	28,500
1961/9/20	48 ⅛	47 ⅜	48 ⅛	36,300
1961/9/21	49	48 ¼	48 ½	59,700
1961/9/22	48 ¾	48 ¼	48 ⅝	29,500
1961/9/23	周六			
1961/9/24	周日			
1961/9/25	49	48	48 ¼	44,100
1961/9/26	48 ¾	48 ¼	48 ½	29,500
1961/9/27	49 ¾	48 ½	49 ¾	75,700
1961/9/28	49 ⅞	49 ½	49 ⅝	48,200
1961/9/29	49 ¾	49 ¼	49 ⅝	31,800
1961/9/30	周六			
1961/10/1	周日			
1961/10/2	49 ¾	49 ¼	49 ¾	29,200
1961/10/3	49 ¾	49 ⅜	49 ⅝	21,500
1961/10/4	50	49 ⅜	50	55,200
1961/10/5	50 ⅜	50	50 ⅜	45,800
1961/10/6	50 ¾	50 ¼	50 ⅝	41,100

日期	最高价	最低价	收盘价	成交量
1961/10/7	周六			
1961/10/8	周日			
1961/10/9	50 ⅞	50 ⅜	50 ¾	37,100
1961/10/10	51	50 ⅝	50 ¾	40,000
1961/10/11	51	50 ⅝	51	35,300
1961/10/12	50 ⅞	50 ⅜	50 ⅜	26,400
1961/10/13	50 ⅛	49 ¾	50 ⅛	39,300
1961/10/14	周六			
1961/10/15	周日			

接下来看图表的表示方法：

图3

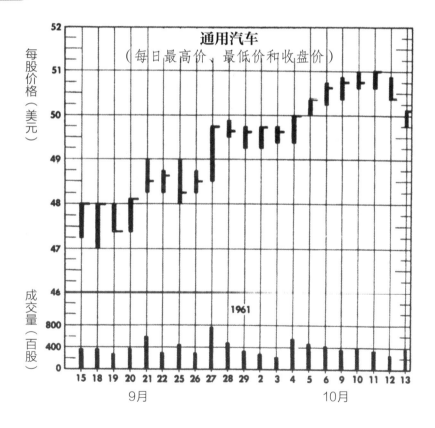

图表显示出，9月15日，通用汽车股价的最低价为47¼美元，最高价48美元，收盘价在48美元（水平横线处）；下面的成交量显示当天成交37,100股。

每天用同样的方法绘制，直到10月15日（为了保证连续性，略去了休息日和节假日的空白）。

同样的数据也可以压缩制成更长期的周线图，如下：

图4

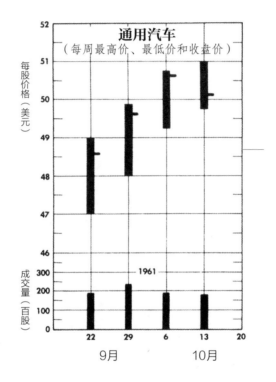

第 **2** 章

趋势

　　了解过一些股票图表就会发现，在相当长的一段时间内，股票价格会在一个特定的趋势下运行。进一步观察又可以发现，这种趋势经常呈现出一种特定的模式，以N字形围绕着一条直线运行。**事实上，价格紧紧围绕着直线运行是股价走势图的特点之一。**

　　图表解读并没有那么神秘。股价反映人类心理，而后呈现各种形态——换句话说，心理运动决定了股价运动。股价沿着一条直线运行的趋势不难解释，在物理学术语里，这个类似于惯性定律：运动中的物体倾向于沿着相同的方向运动，直到外力改变它。就人性而言，投资者倾向于拒绝支付多于其他人刚支付的价格，除非股价持续攀升，给他股价会一直往上的信心或者希望。同样，投资者也会拒绝卖出股票的价格低于其他人的卖价——除非股价持续下跌，并且让他担心价格会一直往下。

　　让我们看看市场如何对消息做出反应，从而影响股价趋势的典型案例。假设XYZ公司即将完成开发一款能够增加销量和收入的新产品。该公司股价现在是20

美元。内部人士——管理层、员工、他们的亲属和朋友们——是首先知道此事的。这些人会撤掉挂在20美元、21美元甚至22美元的卖单，他们的股票就不在市面上流通了。由此，在这些价位上股票的供给压力减小了，这为股价向上移动提供了动力。更重要的是，这些内部人士会开始买更多的股票，从而增加了需求。与此同时，新产品的消息可能被交易商、投资顾问或者关注这个行业的人听到。股价就会稳稳地上升到23、24、25美元，吸引更多人的注意，交易员和大众开始争夺。人们纷纷交换小道消息（案例中这个消息确有依据，属于罕见的情况），越来越多的买家被吸引。

紧接着，新产品上市的消息公开。券商就会以小册子或者报告的形式发给他们的客户，讨论新产品对于XYZ公司收入的影响。XYZ公司自己也会宣传这个产品。所有的这些都增加了对这只股票新的需求，直到市场完全把这个新产品开发的好处计入股价——也就是说，股价已经充分反映了新增加的产品收入。这个点通常发生在公告公布的时候。许多交易员会在出消息的时候兑现他们的利润，尤其是当消息公布在股价大幅扬升之后。

如果先前股价上涨太快，之后就有可能回调：有可能早期关于销售和收入的预估太乐观；有可能其他公司很快上了竞品；抑或是XYZ其他部门的利润下滑。随着XYZ股价下跌，还有利润的持有者可能会将手中的股票套现；在股价顶部买入的人为了避免更大的损失，锁定现有损失脱手卖出。股价因此持续下跌。

基于这些理由，股价会在相当长的一段时间向一个既定方向移动——上涨、下跌或者横盘震荡。所以，从图表阅读中学到的第一堂课是：当股价沿着一条趋势线运动时，它很可能继续沿着那条趋势线运行。不是必然，只是可能。如果投资人能够发现这条趋势线，那么交易上就会有优势。

如何发现趋势

在股价的波浪形运动轨迹中，至少需要三个点（每个点标记着一个波段的顶或者底）来决定一条趋势线；不过，要确认趋势还需要更多信息。图5的第一张图中，观察上升趋势的第三个点C，比第一个点A位置更高。但是根据观测到的现有的三个点很难确定趋势，要等到股价离开C点，有些情况下甚至越过B点，才能判断其趋势。在下降趋势中，C点比A点低（如第二张图）；横盘震荡的时候C点和A点持平（如第三张图）。

图5

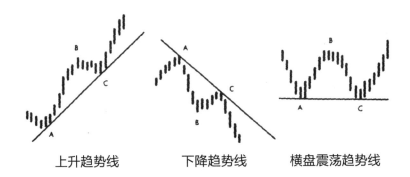

上升趋势线　　　　下降趋势线　　　　横盘震荡趋势线

连接股价低点形成上升趋势线，连接股价高点形成下降趋势线，这是一个重要的区别。新手会很容易做反：连接高点画上升趋势线，连接低点画下降趋势线。这种方式偶尔会有效，但是大多数情况下不可靠，很难精准预测价格。震荡趋势形成时，上面和下面的点的连线通常相互平行，但是保险的方法是沿着低点连线画一条趋势线，如同画上升趋势线一样。

图6

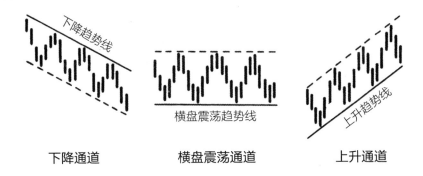

下降通道　　　　横盘震荡通道　　　　上升通道

图6展示了线图中的趋势线和通道。本章末尾的图表也从实例出发，展示了趋势线是如何形成的。实线是趋势线，和与它平行的虚线一起形成了通道。简而言之，价格以N字形沿着趋势线形成的通道运行，一旦趋势建立，通道也就确立。不

过实际上，通道很少像图6中表现的那样清晰，但是找到它对于买卖决定很重要。

很明显，股价沿着既定的趋势线或在特定的通道中移动的时间越长，该趋势就越强。所以，周线图和月线图中形成的趋势线往往比日线图更可靠。在很多情况下，几周之内形成的趋势线效果不是很好。即便股价离开既定的趋势，并且选择了新方向，它们往往倾向于再回试原有的趋势线（如图7所示）。旧趋势的这种吸引力，这种常见的"拉回"效应，会在后面几章的许多图表中出现。预先了解这种走势可以帮助决定买入和卖出的时机。

图7

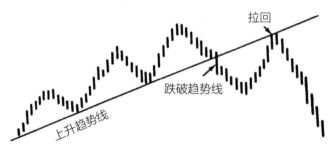

拉回效应

成交量

当分析者看到图5中A—B—C形成的3个点，会试验性地画一条趋势线。但是这不是行动的信号，必须等待进一步确认。随着时间的推移，很多试验性的线会因为没有被确认而弃用，但是某些趋势线会出现跟进的确认信号。这之中最重要的指标是成交量，即每天成交的股数。成交量是衡量买卖力度的指标。如果一只很少被交易的股票在成交100股之后上涨了5个点，那么这只意味着某个人出于某种原因要买100股，而只有把价格打到现价以上的5个点才有人愿意卖出。

同样地，成交量越大，价格走势的意义越大。在一个向上的趋势中，一般而言，价涨量增，价跌量缩。相反地，在下跌趋势中，股价下跌时的成交量大于反弹时的成交量。

反转

成交量的变化通常预示着趋势的反转。举个例子，如果一只股票按向上的趋势正常发展，即上涨放量，下跌缩量；**这时突然出现上涨的时候缩量，下跌的时候放量，可能预示着价格趋势即将反转。**

对于技术分析者来说，每一次跌破既有趋势线都是一个警示。大部分情况下，简单的跌破趋势线可能并不意味着趋势的终结。但是这是一个警告。长期积累的经验法则是：**当一只股票价格跌破既定趋势线3%，并且在放量的情况下，趋势便可能反转。**

变化形态

一个有趣的变化是笔直的趋势线变成弯曲的趋势线。有些情况下，股价上涨或下跌忽然加速会导致趋势线从直线变成曲线（*前面提到的XYZ公司的例子中，股价就可能会形成曲线状的上升趋势*）。图8显示了向上和向下弯曲的趋势线。**这种曲线状的趋势线，如果出现在延伸的价格末端，通常会形成价格峰值或价格底部的高潮行情。**高潮行情是指狂热买入和卖出，这时价格会暴涨或者暴跌，成交量急剧放大。这样的趋势线可以用"云尺"（French Curve，为了绘制不同曲线所使用的工具）画出，和直线的趋势线一样有效。注意：除非整理阶段开始，否则很难预判高潮行情何时结束。这种"爆发性"的或者直线上涨带来的涨势很客观。

图8

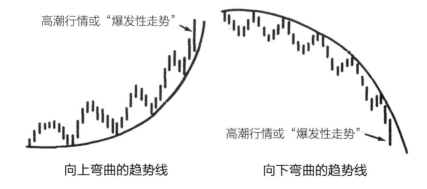

高潮行情或"爆发性走势"

高潮行情或"爆发性走势"

向上弯曲的趋势线　　　　　向下弯曲的趋势线

趋势线有多种变化和复杂的形式。两个有趣的变化形式是"内部趋势线"和"扇形"。图9中，A点到B点的部分是正常的上升趋势线，B点到C点的股价运行于趋势线之下，使得趋势线变成了"内部趋势线"。

图9

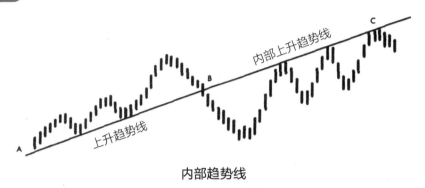

内部趋势线

图10中，当A点到B点的趋势线被跌破，但是价格还是在相同的方向运行，很快就会形成第二条趋势线（连接A到C）；当第二条线继续被跌破，第三条趋势线形成（A到D），这样扇形趋势线就形成了。当第三条线跌破的时候，通常会发生趋势的反转。有时候这个过程会重复4到5次，但是第4次跌破导致趋势反转的概率大很多。

图10

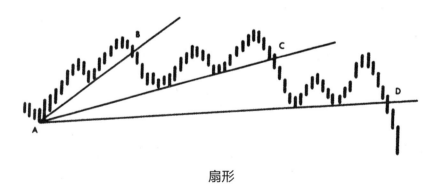

扇形

市场操作策略

就像交通指示灯一样，图表告诉投资者什么时候往前、减速或停下来。只要形成了完整的上升趋势线，就说明亮起了绿色的交通信号灯，此时可以继续买入股票或者继续持有股票。趋势线跌破意味着亮起了黄色的警示灯，特别是当跌破时带着放大的成交量。这时，新的买入计划需要推迟，原有的持仓需要仔细审视。趋势线存在的时间越长，最终跌破趋势线作为"熊市"信号的意义越重大。最后，下降趋势形成的时候闪出红灯，表明是时候该卖出股票落袋为安，或者需要采取防御性措施减少损失。（股票经纪人很熟悉这种防御性方法，比如利用卖空对冲或者买入"看涨期权和看跌期权"。此处不再赘述。）

假设一个人决定买入或者卖出某只股票，若是熟悉该股票价格运行的通道，他就能获得每股几美元的先发优势。他可能在通道底部买入，在通道顶部卖出。当然，价格突破趋势线之后的回试走势可能是非常有利的买入或者卖出机会。

"底部买入，顶部卖出"对于大多数投资者是难以实现的梦想。拼命赚到每一分钱是不明智也没有必要的。投资者应该充分思考，而非被硬性的规定束缚，也不要迷信号称能够提供精确价格预测的公式。但是，若想系统性学习看懂图表，趋势线是第一步，也是最重要的一步。

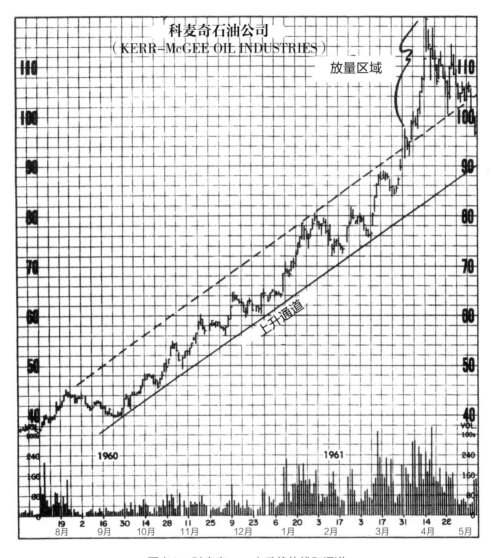

图表1：科麦奇——上升趋势线和通道

　　上图展示了科麦奇的股价是如何在7个月之内翻了三倍的。前6个月，股价紧贴着上升趋势线（实线），并在一个狭窄的通道里运行（和趋势线平行的虚线）。仔细观察，趋势线在上涨的第一个月就形成了。1961年4月，股价突破了上升通道的上轨，加速喷出。这种走势通常表示短期或者主要的头部形成。股价直线上升的部分原因是市场期待1：2的拆股在5月31日生效。1962年初，股价仍然比图表上显示的最高价低很多。

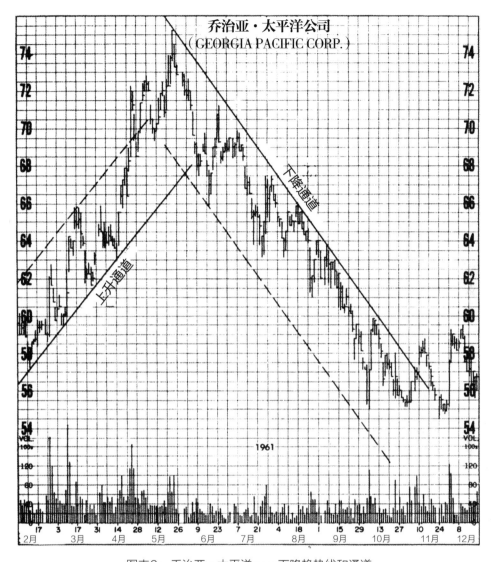

图表2：乔治亚·太平洋——下降趋势线和通道

　　股价在4月底突破了上升通道的上轨，正如上一页科麦奇的图表中，向上的"喷出"也预示着向上趋势的终结。下跌阶段的股价沿着下降趋势线变化，同偶尔的剧烈下跌和反弹一起形成了通道的下轨。这种情形对于买在通道底部，卖在通道顶部的市场策略非常理想。11月第一个星期的反弹最终破坏了运行很久的下降趋势线，在11月底的时候又拉回到趋势线。也要注意，11月时成交量在上涨时增加，下跌时萎缩。

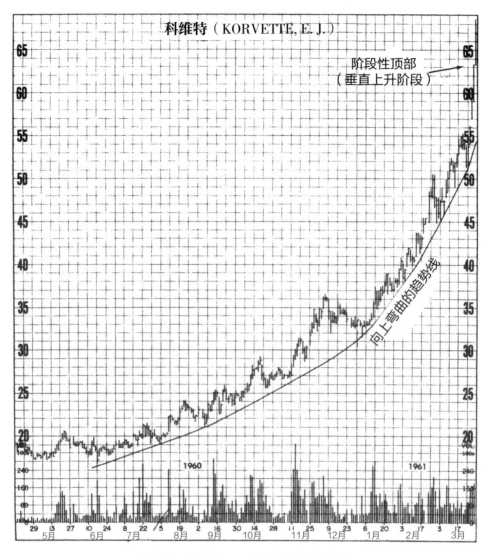

图表3：科维特——向上弯曲的趋势线

在7—8月形成向上趋势前，已经维持了长达几个月的盘整走势。1961年1月，股价开始加速上涨，到了3月底，股价"爆发性"上涨，股价的直线上升也意味着暂时性或者阶段性顶部的出现。如同本章提到的，向上弯曲的趋势线经常出现在行情末端，但是暴涨走势什么时候结束很难预测，因为它会在相当短的时间内出现非常大的涨幅。在这个例子中，图形中最后一天显示的价位（68 ½）是阶段性顶部。在1961年6月，价格跌回到47 ⅜，然后又恢复上涨，直到1961年的最高价129美元。

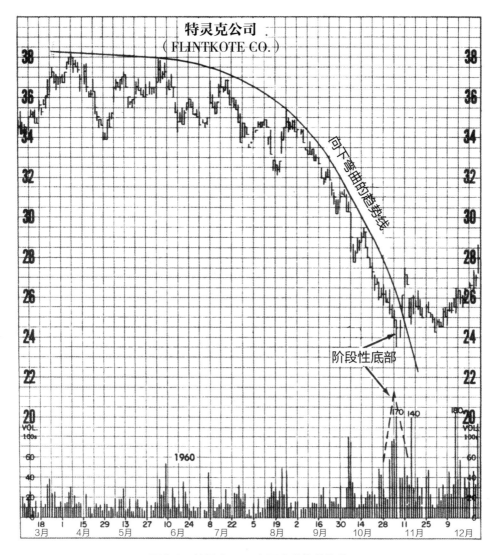

图表4：特灵克——向下弯曲的趋势线

　　向下弯曲的趋势线开始时的情形与向上弯曲的趋势线相同。刚开始曲线弯曲度很缓和，然后越来越陡峭。本图表中，开始成交量保持相对稳定，下跌一段后，成交量开始增加，直到高潮行情到来。科维特向上弯曲的趋势线（图表3）中，高潮阶段并没有出现大的成交量。而在特灵克的案例中，高潮行情伴随着巨大的成交量，但是每天的价格变动并没有不同寻常之处。高潮行情的特点是剧烈的价格变动或是显著的成交量，或者两者兼具。

第 **3** 章

支撑与阻力

你是否有过这样的经历：买入一只股票，日夜看着股价下跌，期盼能够早日解套；或者，卖出一只股票，之后看着股价一路上涨，希望能在当时卖出的价位再买回来？你不是一个人。这些都是人性的自然反应，在图表中便表现为支撑和阻力。

在支撑位上，对股票的需求或者买入会大量增加；阻力位上，对股票的供给或者卖出会大量增加。这些位置不难找到：比如，股票在某个位置出现大量的换手，就属于支撑、阻力位。在某个价位高换手产生的价格带，被分析师称为"成交密集区"。

假设以20～22美元的价格购入了股票A，然后价格一路跌到了16美元，普通买入者的第一反应是继续持有，希望股票能够反弹到22美元，甚至超过它，以此证明自己的判断是正确的。但是，如果股价持续低迷，许多买入者会降低预期，认为能达到盈亏平衡就好。所以，如果股价终于开始反弹，在接近盈亏平衡点的时候，卖出的倾向会越来越明显。自然地，在20～22美元价格区间成交越多（越拥挤），股票的供给就会越多。所以在这个价位，股价上涨的阻力就越大（如图11所示）。

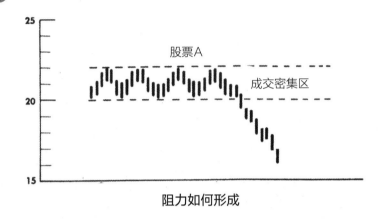

图11

阻力如何形成

现在假设所有的买入者以20～22美元的价格买了股票A，之后股价上涨而不是下降。分析师就会把这个区间定位为支撑区。也就是说，当股票A价格继续涨到25美元或以上后，一旦股价回落，到达20～22美元的区间，就会遇到支撑。

很多理由可以解释这种现象。其中一个原因是，那些在20～22美元区间卖出股票的人，看到股价一路上涨甚是懊悔，许多人渴望在当初卖出股票的价位购回股票，这样可以不用太尴尬地"重新上船"。他们可以说自己对于股票A的前景一直都看得准确。

还有一些人，其中包括在20～22美元买入的投资者，以及计划在此价位区间买入但没有买到的人，他们计划等股价回调到此价位区间继续买入。除此之外，第三类主要买入力量可能是那些在高位卖空的交易员，他们想要等股价回档而获利了结。

分析者会在图表上用平行线画出支撑、阻力位或支撑、阻力区。例如图12中，如果一只股票一段时间内在20～24美元之间交易，支撑线就画在20美元的价格水平（虚线A），阻力线就画在24美元（虚线B）。一旦股价突破24美元的阻力线，整个A与B之间的区域就变成了支撑区。

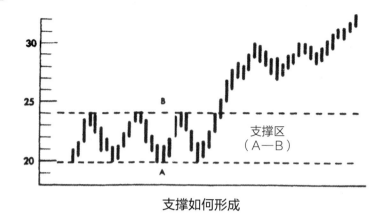

支撑如何形成

随着行情的发展，支撑位会变成阻力位，反之亦然（如图13所示）。假如股票B在50～55美元区间拉锯了几个月，在这期间，我们可以标记50美元为支撑位，55美元为阻力位。如果价格有一天突破阻力位，并且收在55美元之上[1]，以前的阻力位就变成了支撑位。以55美元买入的投资者会觉得他们的判断是准确的，许多人可能在此价位上购入更多股票。而那些在55美元卖出的人，由于上述原因也渴望重新进场。

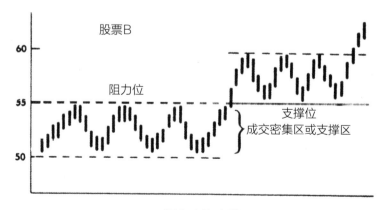

阻力变为支撑

---

[1] 比起一天内的最高价、最低价，分析师对于股票的收盘价更为关注，这主要是因为大多数投资者查阅的是收盘价。股市庄家便会利用这一点，他们会操弄收盘价而不是每天盘中的价格。

如果股价向下突破——也就是说，如果股票B跌破50美元价位，这个位置就会从支撑位变成阻力位。这时所有在50美元及以上买入的人会遭受损失。如果价格反弹回50美元或更高，这些人就会卖出解套。

个股可能会在某个过去或者现在建立的心理价位上有支撑或阻力。经常听人说"我常在20美元买入、40美元卖出某只股票赚钱"。一项针对周期股（cyclical stocks，指随着经济周期波动的股票，比如钢铁和其他基础工业的股票）的研究显示，许多周期股都有其历史拐点。

即使在短期，股票波动的最高点和最低点都会对投资者的心理产生影响，从而形成小的阻力或者支撑。例如，假设你持有的股票一直在涨，你也决定要卖出，这时股价忽然从最高点开始下跌。你是不是觉得自己错失了"卖在顶部"的黄金时间？因此，当你的股票反弹到过去的高点，你是不是想要卖出？如果许多持股者都这样想，那么那个高点就成为了潜在的阻力位，即使它第一次出现时交易量并不大。

50%法则

当个股或者大盘指数上下剧烈摆动，专业人士会预测某种程度的"技术性反弹"或者"技术性回调"。也就是说，股价回到剧烈波动起点1/3或者2/3的位置。如果股价大幅跳涨，短线交易者就会卖出兑现利润；如果股价猛烈回调，寻找低股的投资者就会涌入。如此一来，股价便会回到原有的趋势。

在长期摆动中，当股价回到大幅波动的一半的时候，有寻找支撑或者阻力的倾向。

举个例子，一只股票从20美元涨到60美元，中间没有明显的调整，然后开始下跌，那么有很大概率会在起涨点的一半处找到支撑。所以，40美元（60美元−20美元）的一半是20美元，从60美元算起，回档位置应该在40美元附近（如图14所示）。

图14

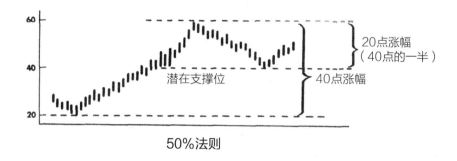

50%法则

不同寻常的成交量

我们注意到，图表上的"成交密集区"表示在相当长的时间内，股票换手率很高，使得这个价格区间变成了一个潜在支撑或者阻力区。从逻辑上来说，股票在这个区间内是已经交易了几周还是相对短的时间都无关紧要，重要的是交易活动是活跃的，也就是说成交量很大。在股价运行途中，若成交量突然放大，即便没有影响股价趋势，也会被定义为潜在的支撑或者阻力区。

举个例子，当一只股票按照平均的交易量涨到14美元时，成交量忽然放大。然而股价没有大幅上涨，而是继续小幅攀升到16美元，而成交量缩减到"正常"。此时不论股价继续上涨、下跌还是盘整，技术分析者会把14～16美元看作大成交量区，并在这个区域寻找支撑和阻力。同样的原理当然也适用于下跌（大成交量区的例子可以参照本章末尾的几个图表）。

当股价遇到意外的阻力或者支撑，并且伴随着成交量剧增，这个位置作为支撑/阻力的力量就会增加。同样，带量下跌也有同样的作用。这种现象比较难解释：可能许多对这只股票感兴趣的人，认为股价到了他们判断的转折点时，会选择从市场退出去，来观察市场的走向。成交量萎缩也意味着和某个价位相关联的市场心理发生了转折。通常成交量在支撑、阻力位更应该放大；如果成交量萎缩，分析者应该予以注意。

另外，当股票突破成交密集区，分析者通常会通过观察成交量来判断是有效突破还是骗线。一个有效的向上突破（突破阻力位）经常伴随着成交量放大；一个有效的向下突破（突破支撑位）在开始时通常成交量较小，随着价格的继续下跌，成交量增加，这被视为确认信号。

运动的支撑与阻力

和趋势线一样，支撑和阻力几乎在任何时间和任何图表上都能找到。事实上，支撑和阻力是技术分析师用于预测价格走势的复杂图形中的基本组成部分。如同前一章里提到的，一个行进中的物体（趋势）会沿着它原有的方向运行，直到遇到反作用力（支撑与阻力）。技术分析师会用这些工具，互相印证。趋势线帮助确认支撑和阻力位，而支撑和阻力位帮助确认新的趋势线。

在日线图[①]上，支撑区的底部比顶部更有效。我们常常看到，一只上涨的股票往往会回调到支撑区底部，然后重拾升势（如图15所示），在原来的支撑区内形成新的支撑线，并且成为下一个有效支撑。本章后面的图表会给出支撑和阻力的图形分析。

图15

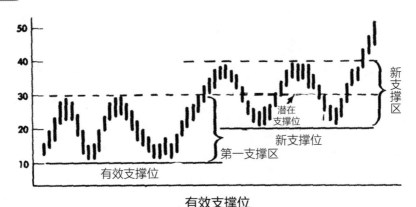

有效支撑位

支撑与阻力位的研究也可以告诉投资者自己是否在航道上。只要支撑位比较牢固，他就会觉得股票目前还不错，并且可能增持；如果股票跌破了支撑位，他

---

① 周线图和月线图也能显示支撑和阻力位，并且利于发现个股的长期或"历史性"的支撑、阻力位。随着时间的推移，支撑和阻力位的效力会减弱，但是技术分析师也发现，有些支撑/阻力位在多年之后依旧有效。

就有担心的理由，可能会考虑卖出。

许多交易员用支撑和阻力的研究成果建立他们自己的交易系统。他们会在股票回落到支撑位或者突破阻力位时买入，在到达阻力位或者跌破支撑位时卖出。

其他的技术如下：如果股价突破了50～55美元的区间，上涨到58美元，以前的阻力位55美元就变成了支撑位。短线交易者在它向下跌穿55美元的时候可能不愿意继续持有，但对于长线投资者来说，只要下面50美元的支撑位不被跌破，他们就愿意继续持股。

有经验的投资者利用支撑/阻力的概念来提前决定在什么价位下卖单，从而在市场上涨的情况下落袋为安。在下跌的市场中，他会利用支撑位找到反弹的位置，从而了结卖空仓位（在更低的位置买入他在高位卖空的相同股数），或者建立新的多头仓位。

现在，我们已经熟悉并了解了趋势和支撑/阻力这些基本工具，可以进行到图表解读最让人痴迷的部分——预示市场转折的形态。

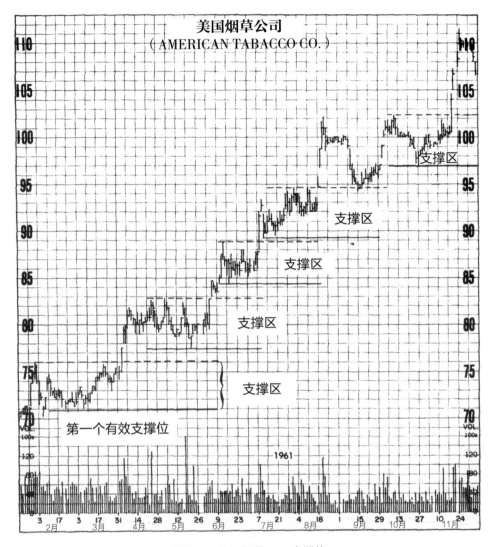

图表5：美国烟草——支撑位

上方图表中的上涨延续了从1958年开始的长期向上趋势，这是运动的支撑区的完美案例，每次进入新高之前的支撑位都没有被破坏过。这并不罕见，但在许多案例中，支撑区有可能会被击穿。这种形态最重要的部分是"有效支撑线"（实线）。只要在支撑区底部的这条支撑线不破，投资就不会有太大问题。注意：价格向上突破成交密集区之后要画出新的"有效支撑线"。

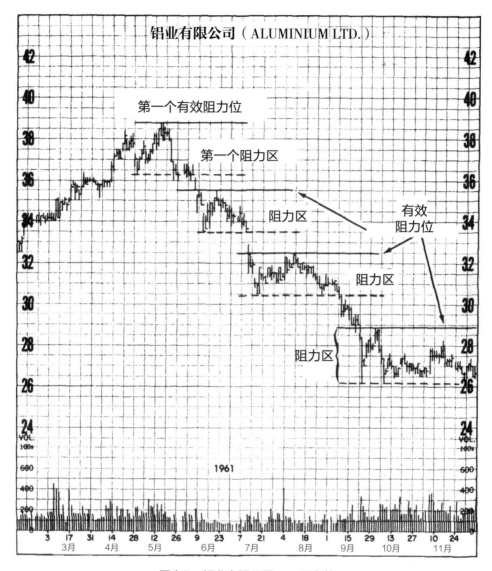

图表6：铝业有限公司——阻力位

　　此图中的阻力线和上图的支撑线类似。从6月开始，每当价格创新低，后面的反弹都无法穿过阻力区。下跌趋势中的阻力区比上涨趋势中的支撑区更难击穿——但是，下跌中的"有效阻力位"仍然需要留意。注意：上方可以看到一个有趣的楔形顶。这一形态到第10章才会介绍，所以可以暂时忽略它，读完第10章再回顾这张图表。

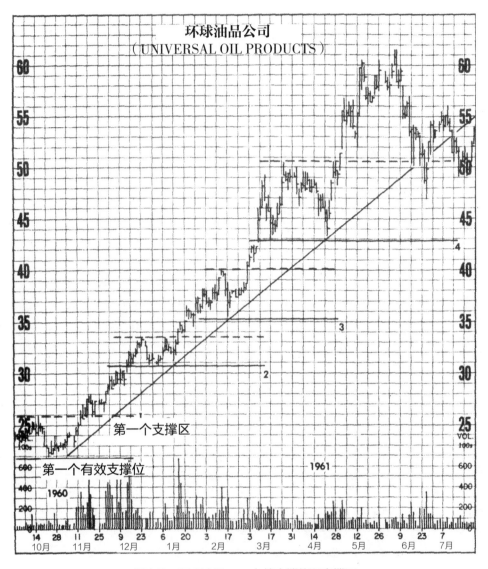

图表7：环球油品——有效支撑位和支撑区

环球油品的股价在8个月内翻了3倍，这一过程中既没有破坏趋势线，也没有回试支撑区。画支撑区的方法相当简单，并不依赖于后见之明。每次价格在成交密集区创出新高，就可以根据低点的连线（实线）画出支撑线，再沿着成交密集区的高点画出支撑区的上界（虚线），这样就得到了支撑区，并将有效支撑线从下到上标记为1～4。这一趋势持续到6月份，价格跌破了第4个或最新的支撑区（并且跌破了趋势线）。这是价格反转的警示。然而，要注意有效支撑线4，这条线比主要趋势线更加重要。事实上，这条支撑线一直未破，作用到了1961年底，那时股价上升到了69美元。

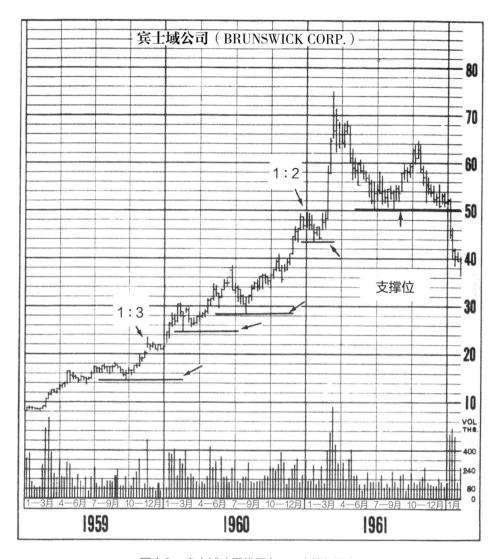

图表8：宾士域（周线图）——支撑与阻力

日线图上所有的重要元素都能在周线图和月线图上找到，比如每周最高价、最低价、收盘价等。本书采用的第一个周线图便是宾士域的周线图，股价从1959年的9美元上涨到1961年的74 ⅞美元。在1961年的第二季度之前，有效支撑线和趋势线都没有被跌破。第一个重要的转弱信号是向上弯曲的趋势线被跌破，这说明2月和3月的带量暴涨可能是多头的高潮。在1961年年中，形成了一个成交密集区（50～58美元），价格反弹试图创下新高，但很快下跌。价格在50美元的支撑线上盘整长达9周，最终带量向下突破后加速下跌。

第**4**章

头肩形态

在所有预测趋势反转的图形中，"头肩形态"最为人所知。它在图表里很容易辨识。有经验的技术分析者很喜欢这个图形，初学技术分析的人也会把它当成一个机会，在实践中测试理论的有效性。

如同抽象艺术一样，我们不能期待头肩形态和真正的头与肩太接近。简单来说，头肩顶形态（如图16所示）表现了三次连续的反弹和回落，其中第二次反弹高点最高。若第三次的反弹顶点不超过第二次反弹顶点，预示着向上的趋势即将反转。反之亦然，若下跌趋势中形成了头肩底，暗示着反转在即。让我们仔细研究一下头肩顶的3个阶段：

1. 左肩——在上升过程中，向上的走势到达顶峰，紧跟着一个回调，就形成了左肩。成交量很重要，在上涨过程中通常放量，回调过程中通常缩量。整个左肩的形成过程中成交量较大。

2. 头部——第二次反弹高于第一次反弹的高点，但是紧接着的回调抹去了前面的涨幅，使得股价回到了前底附近。在反弹阶段成交量是高的，但是整个成交量没有左肩形成过程中高。

图16

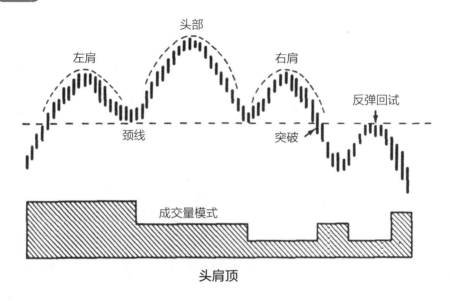

头肩顶

3. 右肩——**第三次反弹没有创新高，股价就开始回调。**右肩的形成是股价走弱的表现。但是在这个区域容易发生图表误读。若能多关注右肩形成过程中的成交量，错误就有可能避免。如果在反弹过程中成交量明显缩量，便是股票价格结构明显走弱的信号；如果成交量升高，无论图形看起来多理想，都要小心也许是假信号。

价格跌破左肩和右肩的低点连线（即颈线）后，头肩顶才宣告完成（许多高阶的研究认为颈线向上、向下或者平行会有所不同，但尚有争议，此处不涉及这个问题）。

头肩顶完成后，通常会出现一个反弹把价格带到颈线，这叫作回试。股票能否有反弹回试取决于整体市场情况。如果市场整体向上转强，股价的回试是可能的；如果市场走弱，就不会有回试反弹。同样的道理也适用于行业状况对股价的影响：如果原油板块走势很强，石油公司的个股就有可能反弹。股票形态分析要考虑许多外部因素，设定一成不变的规则是不可行的。

头肩底

倒转的头肩顶（即头肩底）除了形状是倒置的，在图表上看起来和头肩顶一模一样，这通常代表向下趋势的结束。但是二者在成交量上的表现非常不同，因为成交量是判定形态是否有效的关键，所以有必要去仔细研究一下头肩底每个阶段的成交量（如图17所示）。

图17

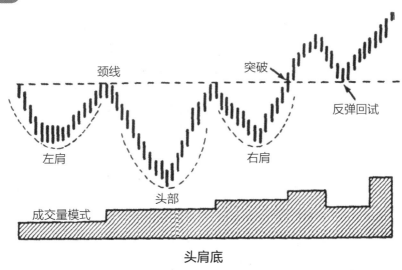

头肩底

1. 左肩——下降趋势持续了一段时间后，剧烈下跌到达最低点，紧接着有一个反弹。成交量在下跌的时候放大，反弹过程中缩量。

2. 头部——第二次下跌让股价低于左肩的低点；然后第二次反弹把股价推高到前期反弹的高位附近。和之前的反弹相比，成交量随着第二次下跌增加，但是不会和第一次下跌时候的成交量一样。成交量应该在第二次反弹的时候增加，在头部形成的过程中成交量应该比左肩形成时的成交量略大。

3. 右肩——股价第三次下跌没有到达第二次下跌的低点，就开始了另外的反弹。成交量在下跌的时候逐渐萎缩，在上涨的时候放量，**在向上突破颈线的时候放出大量**。成交量是对头肩底的极其重要的测试。如果成交量没有明显放大，无论图形多理想，都要警惕可能的假突破情况。如果成交量适合，突破颈线便确认了头肩底的成立。

同样，回试颈线的可能性没有固定不变的规定，市场的总体趋势或者特定的股票板块都可能会带来影响。相比头肩顶形态，颈线回试更可能发生在头肩底模式，但是也没有具体的统计证据证明这一点。

形成过程

如同其他图形，头肩形态描述了在特定情况下，买卖双方产生的相互作用。让我们以图表的方式说明不同类的投资者在头肩形态不同阶段的心理活动，以及他们如何用资金来做出反应。头肩形被称为股市三幕剧，剧中角色如下：

A组：在上涨之前或者上涨中买入的人，现在想要卖出落袋为安。

B组：错过了上涨的人，想要在股价技术回调的时候"便宜"买入。

C组：和B组的人一样，C组的人错过了上涨，且想在回调的时候买入，但是他们等了太久，因此在市场接近新高的时候才买入。

D组：错过了主升浪和第一次回调，但抓住了机会在第二次上涨时候买入。

E组：和C组的一些人类似，但他们想要卖出。看到他们的买入变成了纸面损失，他们决定"如果价格回到盈亏平衡点，即便有小损失，也会卖出"。

F组：A组的残余，加上其他组剩余的一些人，他们都在买入后遭受了亏损。

在图表中，戏剧是这么演进的：

图18

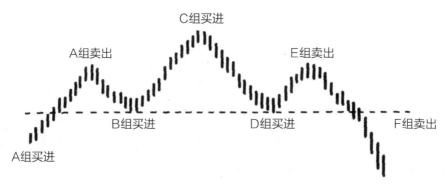

头肩顶——三幕剧

变化形态

开头我们提出的术语"头肩形态"是对市场模式的抽象形容。同其他图形一样，其中夹杂人性和其他不可预知的因素，因此图形的形态不会是一成不变的。有时头部不是一个点或一条曲线，而是一个平顶，代表着"横向成交密集区"；有时肩部是变形的；有时候，复杂的头肩形态成形，大形态中包含小形态，或者有两个左肩、两个头和两个右肩（图19展示了图形的多样性）。

图19

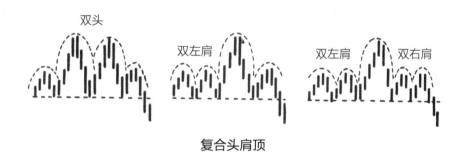

复合头肩顶

尽管有许多变化形态，灵敏的技术分析者应该能察觉到，许多实际的市场图表行为都和我们之前描述的头肩形态相似。如果相似性确实存在，它便是一个可能的趋势反转的信号。

目标点

反转形态——如头肩形态——暗示着一只上涨的股票现在可能会下跌，反之亦然。在此，我们又可以提出一个新问题：**上涨/下跌的幅度是多少？**

我们已经知道了如何搭上火车（比如买入等待上涨，卖空等待下跌），但是要什么时候下车呢？"预测行动"或者"计算目标价"需要勤奋地评估一系列因素。在这里我们会更详细地讨论细节。虽然我们不能每次都准确击中目标价位，但是可以通过训练提高命中率。

图20

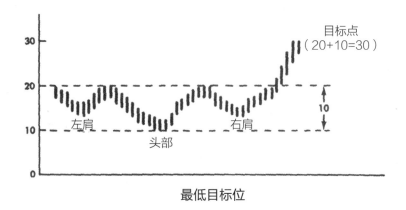

最低目标位

头肩形态形成的经验法则是，一旦图形形成，股价反转幅度将不小于从头部到颈线的距离（如图20所示）。技术分析者都了解这个法则，但是仅仅如此是不够的。对目标价位的判断，必须考虑其他几个要素：

1. 整体市场行情如何？

2. 我们的股票现价和历史股价相比在什么位置？

3. 主要的支撑位和阻力位在哪里？

图21

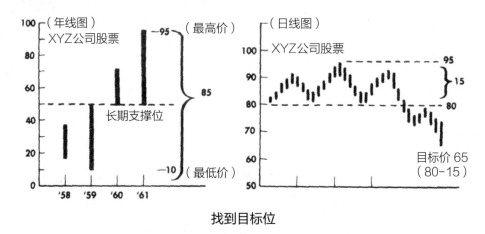

找到目标位

让我们假设XYZ公司的股票完成了头肩顶（如图21所示），那么这时我们是不是应该卖出？如果应该卖出的话，又要什么时候买入？如果股价修正幅度很小，且我们想要长期持有该股票的话，就不应该卖出；如果股价跌幅不小，或许应该考虑卖出，但是考虑到卖出后我们需要支付资本利得税，最后也可能决定不卖出；如果股价大跌，当然要卖出。

如同一个飞行员决定安全起飞前要过一遍检查清单，我们也要过一下我们的清单（上面的问题1、2、3）来决定是卖出还是持有，对于图表21的相应回答如下：

1. 没有明确的线索来判断大盘的走势。股票价格不规律地"震荡"，盘面属于个股轮番表现的状态，板块呈现结构化形态。

2. 股票XYZ在95美元处创下新高，并形成了右肩，之后跌破了颈线80，又有效地回试了80，这也是它现在的价位。3年前，该股价创下了新低10。也就是说，从底部到顶部，股价在3年内上涨了850%。很明显，股价已经创下了历史新高，并且下跌的空间也相当大。

3. 长期走势图显示股票最近的成交密集区和整理区在50，而在股价高位没有明显的支撑。这里有一个潜在支撑区，之前的章节也讨论过了——当股价调整的时候，幅度可能到50%，然后遇到支撑或阻力。在过去3年间，XYZ的股价从10涨到了95，上涨了85个点。85的一半是42½。然后用95减去42½，得到52½。这个数字很接近之前提到的支撑50。所以这两个结论大致相同。

但是我们还没有考虑头肩形态形成后的经验原则。这个案例中，头部（90）到颈线（80）是15个点，所以我们预计XYZ可能跌到65。但是按照50%法则，它也有很大可能跌到52½或者50。根据这些分析，我们可以得出结论，XYZ会下跌至少15个点。

失败的头肩形态

目前为止，我们讨论的都是成功的头肩形态。股价跌破颈线后，我们便知道它可能的变动趋势。然而有时一个头肩形态或者其变化形态非常理想，但却不会跌破颈线（如图22所示）。相反，股票开始震荡，股价开始犹豫不决地波动。这时我们知道，反转的形态没有形成。但是也要知道，这个区间的股价可能正在准备选择方向。

图表22

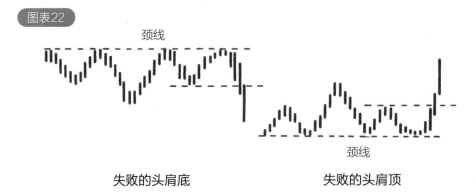

失败的头肩底　　　　　　　　　失败的头肩顶

这个现象很像一辆汽车陷入雪中或者泥淖中，驾驶员小心换挡让车前后晃动。当动量合适时，他得以踩着油门离开，往前或者往后。在头肩形态失败的图形里，震荡区间开始蓄势，在合适的时机——突破交易区间的上限或者下限——股价获得牵引力，形成新的趋势。这种形态可以支撑股票的重要走势。

市场操作策略

现在是时候把理论运用于实践了。我们在本章末尾列出了6个真实的案例，用来解释图形的形成以及目标价格的计算。其他也有很多类似的例子，原则和结果应该是相同的。

通过我们的头肩理论以及对历史案例的研究，可以得出一个很明显的结论：**当股价跌破颈线时，投资者应该采取行动。**

然而，一个警觉且有经验的投资者如果有充足的理由相信头肩形态会完成，他应该在右肩形成的过程中便尽早行动。这些理由包括：

1. 股票现价和历史价格的关系有利于股价的反转。

2. 以前的趋势遇到了很强的支撑或阻力。

3. 成交量指标符合头肩形态形成的标准。

4. 大盘没有明确的方向，或者与头肩形态形成之前的股价走向相反。

在这些情况下，投资者应该在股价剧烈变动接近顶部或者底部的位置提前采取行动，这会让行动更加及时有效。

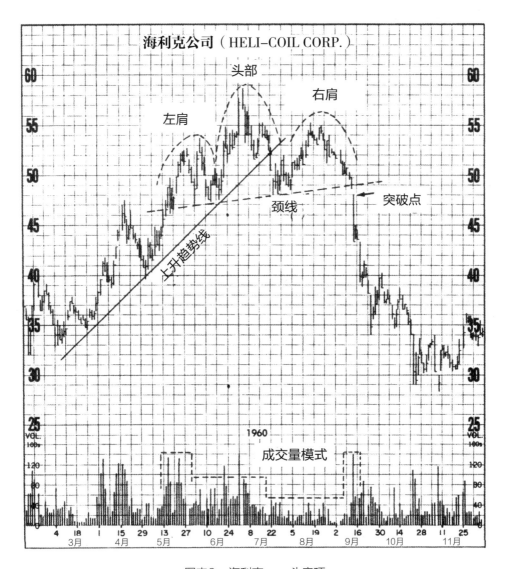

图表9：海利克——头肩顶

这个头肩顶图形大而规范，易于辨认。对于跟踪其股价的技术分析师，6月成交量的变化提示他可能出现趋势的反转。之后虽然创新高，但和5月的上涨相比，成交量在某种程度上是减少的。股价在7月22日跌破颈线，再次确认了趋势的反转。第三个重要的线索是右肩的形成过程中是缩量的。最后，股价跌破了作为有效支撑的颈线，毫无疑问卖压或者股票供给远远大于买盘或者需求。在这个案例中，第三个线索——右肩成交量明显缩小——应该足以为投资人提供在顶部采取行动获利了结的证据。

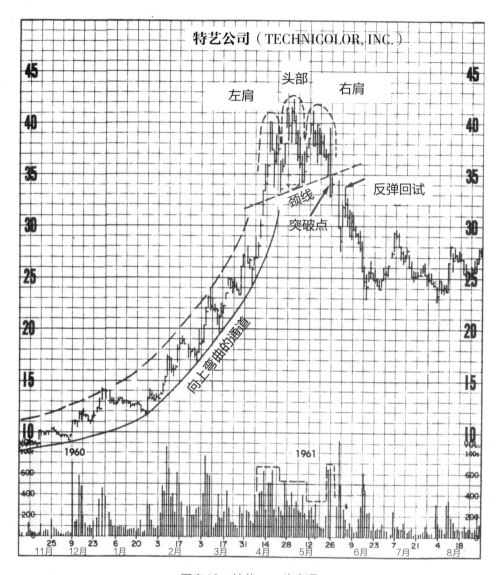

图表10：特艺——头肩顶

从量价结构来看，4—5月的顶部是标准的头肩顶形态，然而肩部和头部只有1～2个点的差距，因此很容易看成三重顶。从图中可以看出，价格先是形成了向上弯曲的趋势线和通道，然后带量飙涨到达高潮。左肩部分成交量较大，头部与右肩的成交量相对较小。股价带量突破颈线，然后反弹回试时成交量较小。尽管在图中没有显示，价格在10月强劲反弹，测试头部形态（现在是一个阻力区），但是失败后从36美元最终下跌到21美元附近。

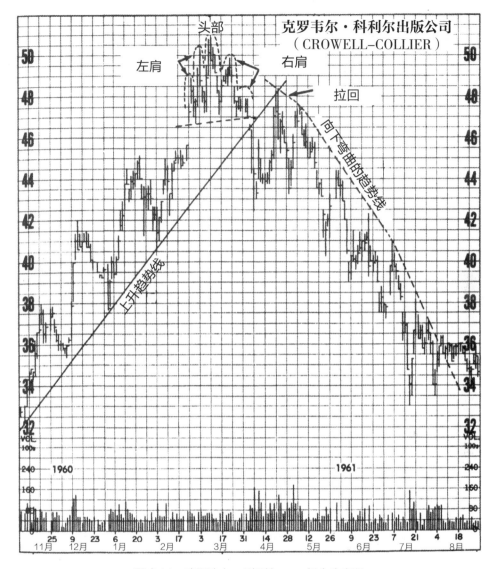

图表11：克罗韦尔·科利尔——复合头肩顶

如果所有的图形都如此清晰，读图就是小菜一碟。从11月到3月，价格紧贴着上升趋势线。然后一个小的头肩顶形态形成，同时价格跌破了颈线和长期趋势线，这使得整个趋势被扭转，价格开始沿着向下弯曲的趋势线下跌。这里的头肩顶有两个左肩和两个右肩，有趣的是它的对称性。但是此处缺少头肩顶特有的成交量模式，所以有些分析师把它称为三重顶。同时值得注意的是反弹并没有止步于颈线，而是上穿颈线之后在之前的趋势线上停步，证明了大多数突破趋势线后会出现磁力般的拉回效应。无论是称之为头肩顶还是三重顶，它们对于未来的预测含义都是相同的。

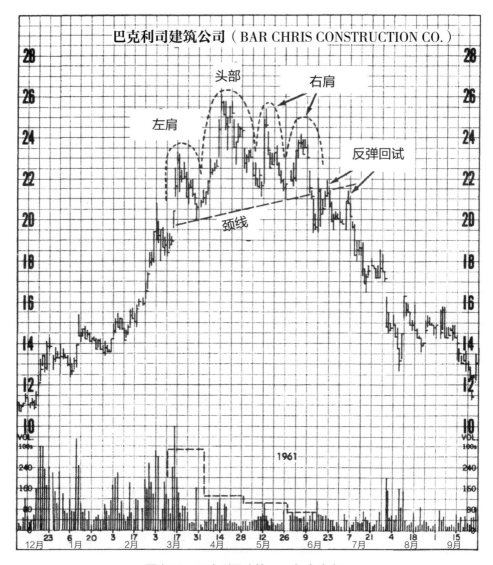

图表12：巴克利司建筑——复合头肩顶

这又是一个向上弯曲的趋势线在高潮行情后形成头肩顶的例子。图中只有一个左肩，但有两个右肩。巧合的是，股价在6月份跌破颈线后，有两次反弹回试颈线，和两个右肩相呼应。这并不是一个典型形态。事实是，头肩顶形态中通常不会出现反弹回试颈线，即使是复合头肩形态的变形。这个头肩顶的威力还是很大的。1962年2月，价格跌到了9美元，完全抹去了1961年以来的涨幅。读完这本书以后回顾这幅图表，还会发现其中的旗形、三角旗形、三角形、衡量缺口和竭尽缺口等形态。

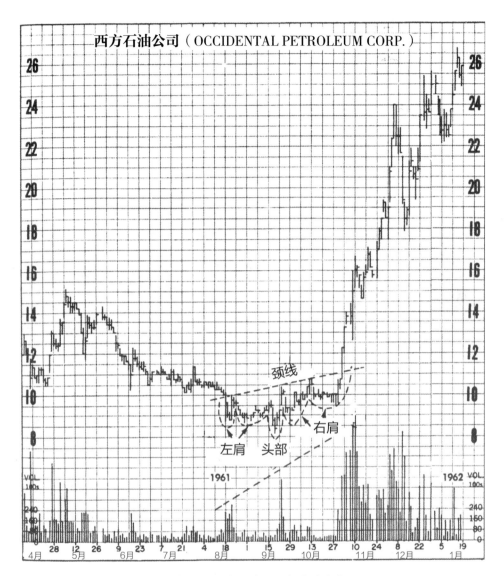

图表13：西方石油——复合头肩底

这个头肩底形态有两个左肩、一个头部和两个右肩，整体形态是向上倾斜的。股价带大量突破颈线后没有回试颈线。价格几乎没有回调地涨到了24美元，整个过程中交易量巨大。12周内股价翻了3倍。上涨过程中若是出现任何伴随着高成交量的放缓，都会被认为是负面的（可能预示着反转趋势），因为这也意味着股票的供给足以满足急涨的需求。很多资深技术分析师也会注意到，在这个头肩底形态中还包含着菱形形态（钻石形态）。在这个例子中，菱形形态被更长期的形态覆盖，因此意义不大。很多其他形态也经常会出现在头肩形态中，特别是三角形形态。

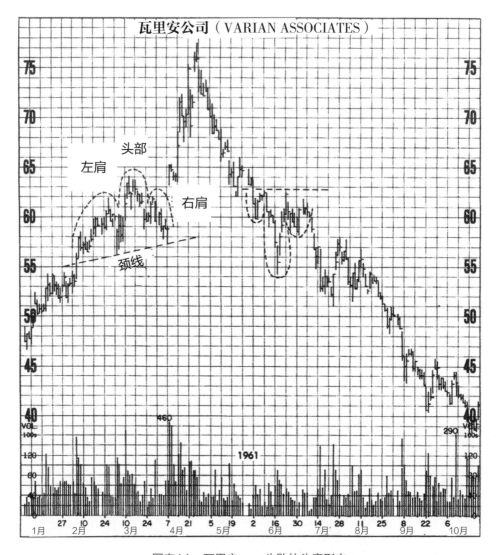

图表14：瓦里安——失败的头肩形态

　　这张图表包含了两个头肩形态失败的例子。一个头肩顶在2—4月形成。当股价即将跌破颈线的时候，却又在4月8日时，收盘价比前一天的收盘价高出4个点，且成交量放大。之后股价跳升到头肩顶之上，显示出很强的上涨势头。6月，价格再次回到这一水平，试图形成头肩底。但是在突破颈线之前，价格探至新低，延续了之前的跌势（看完第7章后，你会发现这个顶部是一个V形反转形态）。

第5章
双重顶和双重底

双重顶和双重底是最为常见的，也是最有欺骗性质的图形。有经验的分析师认为它们是市场在转折点最常见的模式，所以有很高的研究价值。初学者很喜爱这个图形，因为它们随处可见。

图23

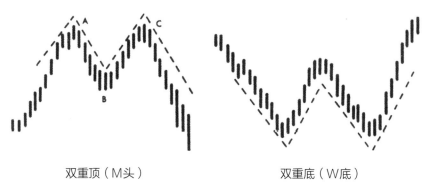

双重顶（M头）　　　　　　双重底（W底）

双重顶和双重底

双重顶（图23左侧）形状类似字母M，因此也被称为M头。图中价格很快上涨到A点，又跌回到B点，再反弹到A点附近（C点），然后跌破之前的低点B点。同样，双重底也被称为W底（图23右侧）。

由于正常股价的每日波动呈N字形，初学者总会认为所有的走势都会出现双重顶或双重底。**实际上，很少有图形一开始就看起来像双重顶或双重底，并以双重顶或双重底的形态结束。进一步说，真正有效的双重顶或双重底很难辨认，直到趋势反转已经很明显，并且价格已经剧烈变化之后才能确认。**

造成混乱的一个主要原因是，正如我们在前面章节指出的，股价通常会在前期高点遇到阻力，在前期低点遇到支撑。这会导致股价迟疑，或者回撤一点。但是在吸收掉所有等待在此处的供给和需求并短暂修正后，股价会突破阻力继续前行。对于新手来说，任何的股价徘徊都看起来像是双重顶或者双重底。但实际上，它们是众多价格形态内的正常股价反应。

让我们检视一下真正的双头结构的市场心理。第一个顶部代表着在这个价位的供给大于需求，并且引起了一个温和的回调。这个回调反映了基于一系列动机而产生的卖出行为，比如大多数人想要获利了结，或者许多人认为股价已经到了暂时的高位。

在回调之后，不坚定的持有者可能感觉错失了在顶部卖出的机会。因此，在"买便宜货"的投资者和其他乐观的投资者进入后，股价被抬升到了前期高点，那些在上次顶部没有卖出的持有者便蜂拥卖货。除此以外，那些已经卖出但是手里还有股票的人在这个价位也将股票脱手。供给的再次增加使得股价下跌。此时，如果价格跌穿之前回调的低点，那么很明显，在底部区域对于股票的需求已经被满足，并且供给仍比需求更多。**因此，股价无法继续向上，而在最低阻力线的作用下向下发展。**

成交量

双重顶的正常成交量模式是在顶部放量。然而研究表明，有效的双重顶和双重底在成交量行为上呈现着多样化。可能在一个顶部上成交量小，在另一个顶部成交量大。事实上很多有威力的顶部和底部都在很低的成交量下形成。最贴切的规则应该是这样：**在一个或两个峰值处有高成交量，或者在成交量上有不同寻常的变化（比如成交量明显萎缩），便可以确认双重顶或者双重底的形成。**

变化形态

许多日线图上的双重顶都表现为一个头部比另外一个头部高，但只要差别不大，仍然可以将其视为真正的反转形态。有时，双重顶或者双重底形成后，在选择方向之前，股价走势可能会迟疑，并且走出一个小平台或成交密集区（如图24所示）。

这种现象更常见于双重底。这个平台通常会在双重底的中间部分，或是双重顶的破线部分形成。

图24

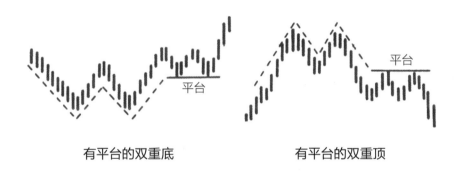

有平台的双重底　　　　　　有平台的双重顶

三重顶或三重底在日线图上是一个常见且有效的变化形态（如图25所示），但是在周线图和月线图上很少见。在下面的例子中，股价在形成双重顶的第二个头处下跌，但是在低点处附近遇到支撑。此后没有跌破颈线而形成双头，而是反弹又形成了第三个顶，然后再回调。到这时为止，它几乎耗光了在两个低点处的需求，跌破两个低点的支撑后继续向下。

这种情况下，成交量可能在第一个顶处较高，在第二个或第三个顶处通常相对低，而新趋势开始后，成交量又开始放大。

图25

三重顶　　　　　　　　　　　　三重底

市场操作策略

保守的技术分析者会等待图形确认后再行动，而投机者则倾向于更早行动，这样才能"买在底部，卖在顶部"。可以根据个人的风险承受能力采取不同的策略。

其中有几点需要注意的地方。首先，交易者不应该期望短期内形成的小形态支撑大级别的行情。其次，正如我们在开始时提到的，即使对那些有经验的投资者而言，双重顶或双重底也是很难预测的形态。检查下面这些问题会帮助你减少风险：

1. 价格是否从第一个顶下跌了5%以上？

2. 第一个顶部是否有异常的成交量？

3. 该股票的历史走势是否显示这个区域会是一个转折点？例如形成长期的支撑或阻力，或者主要的趋势线被跌破。

4. 整体市场是否处于下降趋势或者至少是中性的？

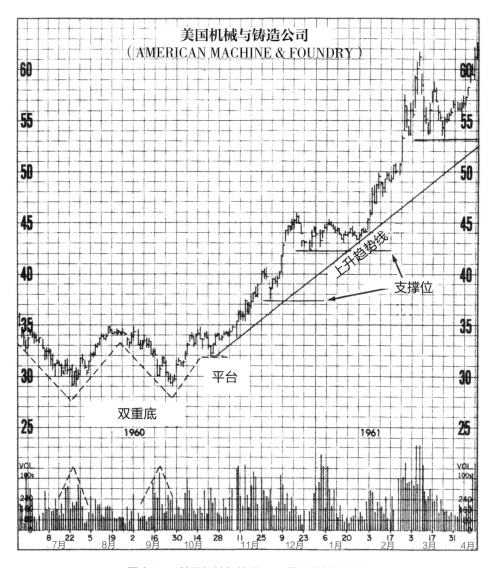

图表 15：美国机械与铸造——带平台的双重底

　　美国机械与铸造的股票走势图是双重底带小平台的完美例子。成交量在两个底部稍稍放大，然后在从平台处上涨的时候放量，整个形态得以完成。在上涨到 66 美元的过程中，无论主要的趋势线还是支撑线都没有被破坏。1961 年 5 月（图表中未显示），股价跌破了趋势线和 107 美元的支撑线，然后继续下跌。到 1961 年底，70 美元以后的涨幅基本完全被抹去了（读完这本书后，读者重新分析这张图表会发现一些本章没有介绍的图形——可测量走势、楔形和失败的头肩形态）。

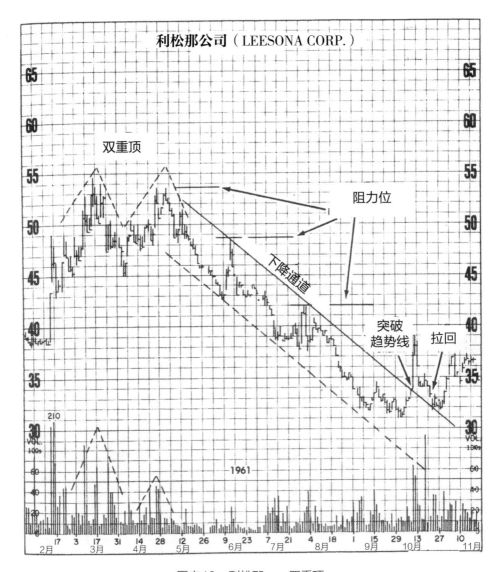

图表16：利松那——双重顶

　　1960年12月起，价格从33美元处上涨，在1961年3月到达最高点，形成了第一个显著的头部。4月，股价带着较少的成交量重新反弹回高点，这也预示着股价不太可能突破新高。随着价格接近第一个顶部（54⅝），成交量放大，上涨终止。很明显，在这个价位，股票的供给远多于需求，因此股价下跌到45美元后跌势扩大，双重顶形态完成。最终，价格把之前的涨幅抹掉，下降通道形成。10月，价格突破趋势线反弹，但是又回试趋势线，这是第2章里讲到的拉回效应。也要注意，在下跌过程中，反弹走势从来没有向上突破阻力位。

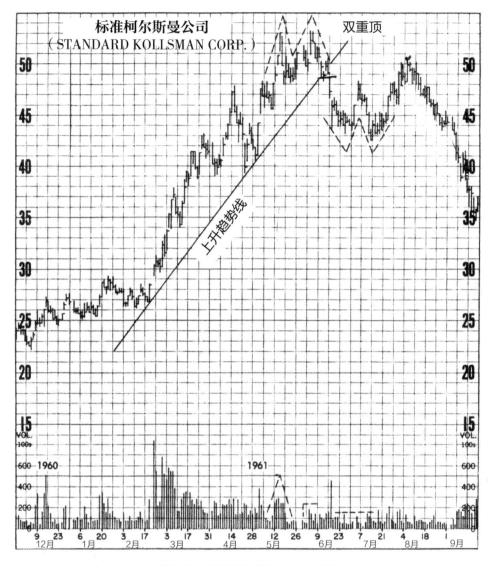

图表17：标准柯尔斯曼——双重顶

　　这是一个很有意思的案例，双重顶在5—6月形成，在这之后又形成了一个双重底。双重底引发的涨势试图挑战双重顶，但是没有成功，继续了之前被中断的跌势。分析两个图形也要考虑位置：有效的双重顶形成于前一重大涨幅的末端，并且顶部完成后也跌破了主要上升趋势线。成交量在第一个顶部较大，在第二个顶部较小。第二个形态——潜在的双重底出现在一个不太可能成功的位置：成交量在两个底部都很小，后续反弹也没有突破前期任何阻力。这个双重顶形成之初受到了一些质疑，但是最终被证明是有效信号（1962年2月，股价跌到了29美元之下）。

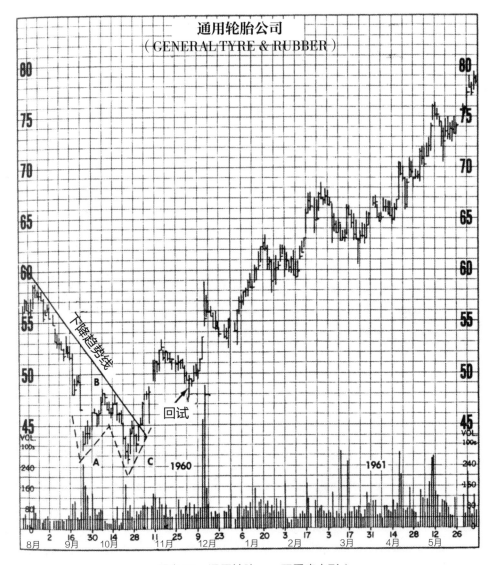

图表18：通用轮胎——双重底变形

　　此图表中，股价在11月涨过10月高点（B点）前，要判断出双重底形态是比较困难的，但也不是不可能。第二个底（C）比第一个底（A）低了1个点多，这是这个形态不稳定的原因。因为在大多数的双重底形态中，第二个底通常比第一个底略高，但也有一些情况和这个例子相似。本章讲过"一个或者两个顶部（双重顶）或底部（双重底）上的大成交量倾向于确认双重顶或者双重底形态"，这是第一条线索。第二个线索是11月第一周的反弹突破了高点连线形成的下降趋势线。然后，反弹超过了B点，完成了双重底形态。因为从C点开始的涨势突破了B点，此后的回撤被认为是回试颈线。

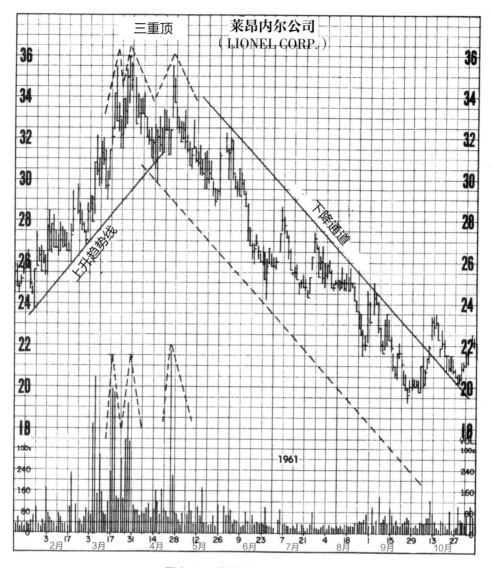

图表19：莱昂内尔——三重顶

　　3月21日，莱昂内尔的股价到达新高35½美元，但是收盘价低于前一天收盘价，这属于反转日形态（见第11章）。6个交易日以后，价格摸了新高35⅞美元，只比反转日的高点高⅜美元。4周之后，股价第三次去试新高止步于35½美元。每个高点都带着大成交量，最后形成了三重顶。本章提到过三重顶比较少见，并且将其归为双重顶的变形。事实上，前两个高点看起来就像是一个标准的双重顶，跟踪这个形态的技术分析者在看到价格第三次试图摸新高的时候，可能会感到动摇。若第三次上涨成功突破前高，他便可以一直坚持原有的判断。然而，随后的下跌紧贴着下降趋势线，一直持续到了10月份。

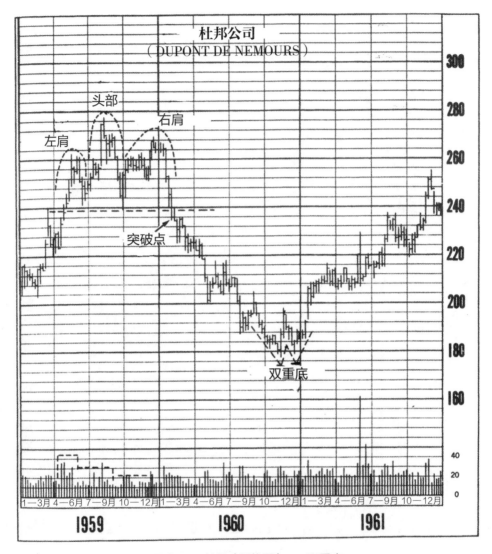

图表20：杜邦（周线图）——双重底

　　杜邦的走势图也印证了周线图有着和日线图相同的形态。在1960年形成的双重底扭转了之前约100点的下跌（对于那些缺乏经验的投资者来说，当他们看到蓝筹股，尤其是蓝筹股中的蓝筹股——如杜邦——下跌100点，会感到震惊）。在177美元附近，买单使得价格反弹了20个点，然后一路下跌去回试177的支撑。随后，在177美元上方需求再次回升，并且这次反弹超过了前期反弹的高点，这样就完成了一个双重底反转形态。回顾1959年的顶部就会看到一个头肩顶形态（不过价格跌破颈线后没有回试颈线）。这个案例的价格和成交量模式都非常典型，并且也可以放在前一章的例子中。

第**6**章

窄幅整理与碟形结构

　　窄幅整理与碟形结构是技术分析者理想中的图形。这种形态容易辨认，也很可靠，经常预示着一个大行情，更重要的是，让技术分析者在靠近底部和顶部时有足够的时间建仓。这两种形态只有一个缺点：很少在成交活跃的股票中见到。

　　如图26所示，当窄幅整理成为一个主要的底部，通常被称为长期底部。这在图表上表现为在一个窄幅区间出现长期的横向整理，然后突然突破创新高。有时，窄幅整理也会形成一个顶部，看起来像西部地区的高地或高原，不过这种情况很少有。

图26

突破点

突破点 →

窄幅整理底部或长期底部　　　　　　窄幅整理顶部

碟形（弧形）和窄幅整理形态相似，但是它有自己的特征，并且可能形成更快（如图27所示）。价格走势形成杯状的、逐渐向上的弧线（在底部结构中）或者向下的弧线（在顶部结构中）。这个弧线也显示了可能的股价移动方向。它还有另外一个特性：大多数碟形结构（不是所有）在即将突破前，都会形成一个手柄或平台，也就是一条水平线或斜线。所以，这种图形也被称作锅形。

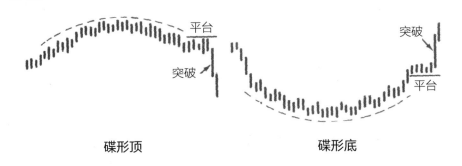

碟形顶　　　　　　　　　　　碟形底

形成过程

和其他图形一样，这两种形态都反映了特定环境下的市场心理。例如，窄幅整理（长期底部）发生在股票供求非常稳定的平衡时期。这时股票的交易很少，因为对于股票的前景看法没有发生变化，并且也没有吸引人的新闻。持股者在现有的价位没有找到卖出的理由，潜在买家也没有要买入的理由——而且他们必须拉高股价才能吸引持股者卖出。一个从长期底部带着成交量的突破意味着有些事情可能在酝酿中——新产品的开发、收入或利润的跳涨、合并——无论是谣言还是事实，都为这只股票创造了不同寻常的需求。顺便说一句，这种突破很少出现在公司发公告的同时——通常出现在发公告之前，因为"内线"会在处于"长期底部"时悄悄地频繁加仓。总之，知道的人一直在买，而随着知道内情的人越来越多，股价开始起飞。

成交量

窄幅整理与碟形结构的一个显著特点是成交量倾向于跟随股价变化。在整个窄幅整理或底部形态中，成交量会特别低，直到股价突破新高。即使在突破之后，交易开始也很清淡，但随后会急剧扩大。

在典型碟形结构中，成交量在到达图形低点之前会慢慢缩减，之后随着价格曲线的向上或在平台阶段慢慢增加。成交量本身也会形成一个碟形结构。成交量会在两个区域放大，一是在平台的开始，二是在末端股价突破平台区时。

一开始我们就提到，窄幅整理与碟形结构很容易辨认，也已经讨论过如何辨识它们。这里要提醒一点：在图形没有彻底形成之前，不要想当然地下定论，对于窄幅整理或者长期底部也是一样。即使股票看起来在向着某种形态发展，也可能会立即演变成完全不同的形态。

这里有一个底部形态的变形值得讨论。有时候，在突破之前，会有一个"洗盘"——一个向相反方向突破的假信号，这会洗出去胆小或信息不太灵通的投资者（如图28所示）。在洗盘期间，股价会下跌到新低，然后从底部带量反弹创下新高。尽管短暂跳水显示了股价的弱势，但是反弹的力度会与传统的底部形态相同。

图28

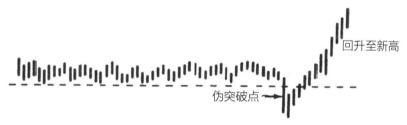

"洗盘"的长期底部

市场操作策略

很不幸，我们期待的"理想形态"不会经常发生。窄幅整理与碟形结构通常出现在交易量很小、公众对股票信息知之甚少的情况下。但是，这些形态的利润可观，风险很小。因此，投资人应该时刻留意这些形态的发生。

买股票最好的时机是股票从大的底部刚刚突破时。如同其他形态突破后，股价在加速上涨之前经常回试或者回到底部（如图29所示）。但是这类形态产生的上涨会很急剧，稍加犹豫便可能错过。

图29

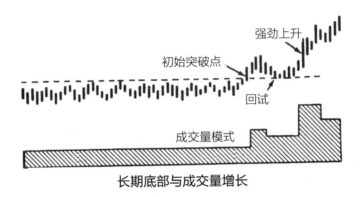

长期底部与成交量增长

碟形结构中，人们有更多的时间建仓。这一形态有4个好的买入时机：（1）在向上弯曲的过程中，成交量和价格都逐渐升高时；（2）在曲线的末端，股价朝水平发展且开始缩量时——但是很难精准预测什么时候是曲线的末端；（3）在平台的形成期间，尤其是平台交易区的低点附近；（4）平台的真实突破点。

图30

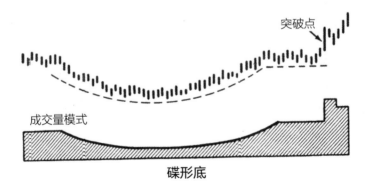

碟形底

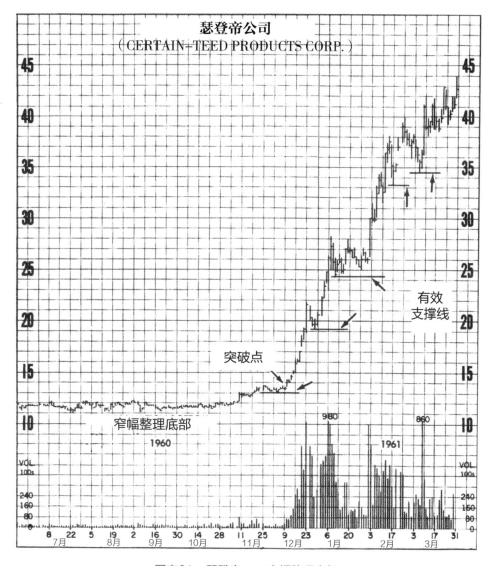

图表21：瑟登帝——窄幅整理底部

　　选择这个图表是用来展示一个不常见的长期底部形态，在整个形态发展过程中，几乎没有交易。如果图幅够宽，就能看到这个窄幅整理形态延续了数年之久，最终价格和成交量同时向上弯曲。有句老话"底部越长，波动越大"很适合这个例子。11月，股价在大约13美元的时候开始波动，在这幅图末的3月31日到达44美元，5月到了64美元。要指出的是，在价格上涨过程中，任何支撑线（图上标记的平行线）都没有被跌破过。

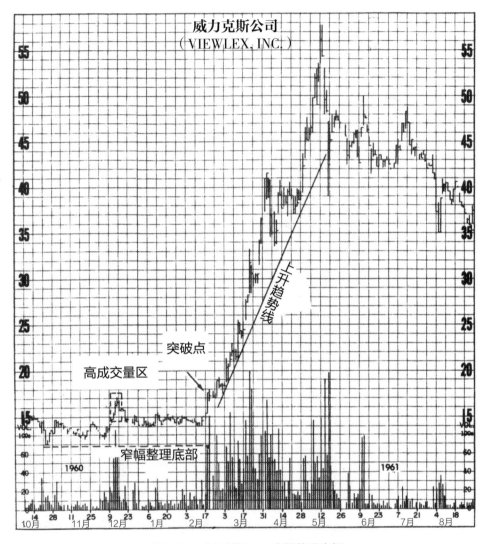

图表22：威力克斯——窄幅整理底部

尽管这个底部在2月末才完成，并且价格带大量破新高，但在大涨前的12月就已经显现了买入信号——研究过去10年的牛市可以提前发现相同的信号：股价在盘整阶段，成交量都很小，成交量的放大是在告诉技术分析者有大事在酝酿；如果没有出现跟进的上涨则表明还没有准备好。对于一个大行情而言，2～6个月的等待是正常的。根据第3章，"高成交量区"也是很大的阻力区，一旦被突破，意味着行情看涨（读完第11章会发现，可以把5月份的顶点定义为两日反转）。

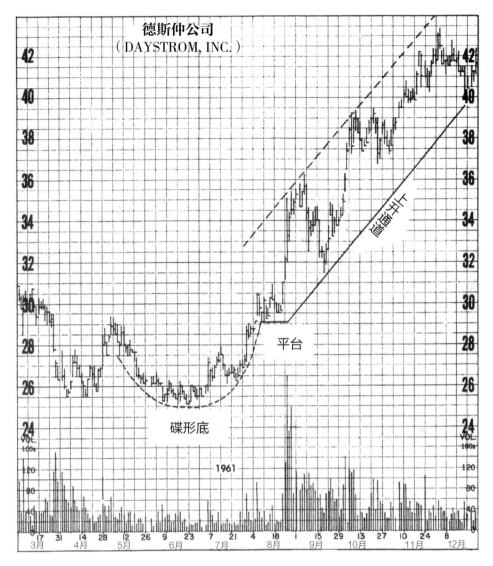

图表23：德斯仲——碟形底

　　5月、6月和7月形成的碟形底看起来像是一个带杯柄的杯子。价格和成交量都呈现同样的弧形。7月时，形态上有一些不规则，但是成交量依然稳定。成交量在突破平台后暴冲，且在上升过程中仍然很大。读者在读完本书后应该回头研究下这一章，8月和9月形成的形态也很有意思：8月末，一个紧凑的斜向上——但是没有完成的——旗形在形成。通常，这个形态是可靠的"多头"形态之一，但是此处形态失败后形成了一个小型头肩底，然后在10月和11月形成了规则的旗形。

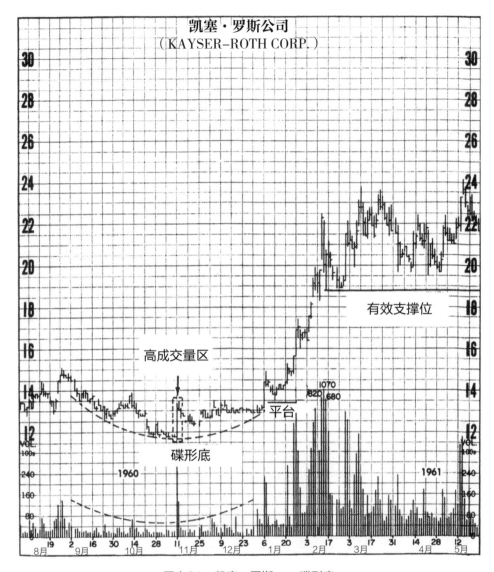

图表24：凯塞·罗斯——碟形底

两天的带量反弹让碟形底或圆弧底在中部受到冲击，成交量突然放大的区域作为高成交量区被圈出，期间发生了不同寻常的股票换手。如果价格上涨超过这个区域，后续会出现不错的涨势。在这个区域买入的人会获得利润，上涨意味着在这个区间以上的股票供给在减少，情况类似前面图表22中威力克斯的股票走势。无论如何，这个成交量区出现在一个主要的底部形态中。一个小平台在这个成交量区之上形成，再加上随后出现的带量上涨，都满足了这种形态发展的所有预期。

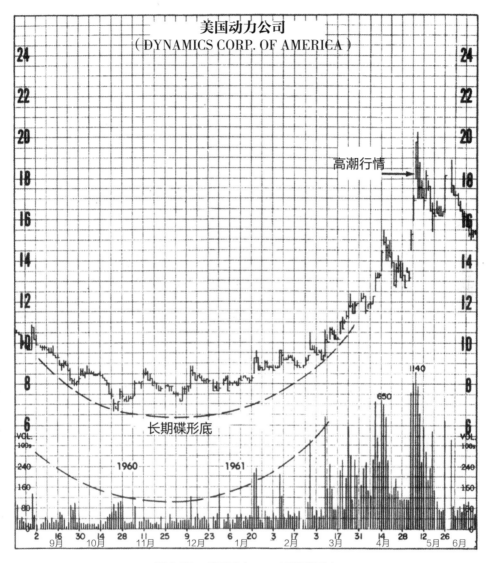

图表25：美国动力——长期碟形底

　　尽管这个碟形底耗时7个多月才形成，但最后证明这一漫长的过程是值得的。价格从底部到顶部翻了3倍，且从3月开始股价在8周内便翻了一番。在圆弧底部成交量仍然较低，但是随着股价的上涨，成交量也开始上涨。这个碟形形态没有平台整理区（杯柄），这也将它和前面两个案例区分开来。与通常需要很久才能形成的狭幅盘整底部不同，碟形经常在很短的时间内形成。这是长期看涨的形态之一。

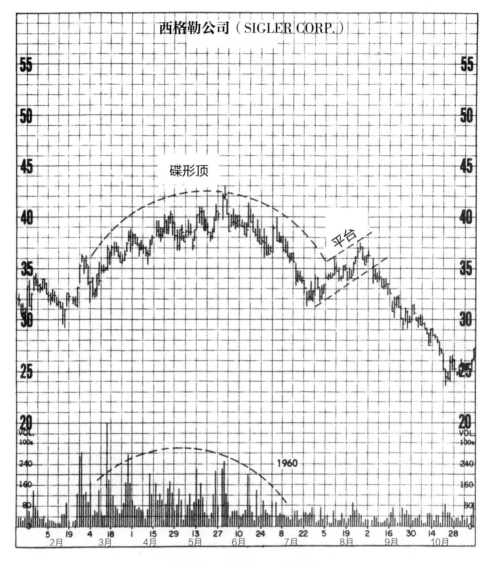

图表26：西格勒——碟形顶

　　除去6月股价带量突破新高的两天之外，这个图形可以看作典型的碟形顶，圆弧和平台（杯柄）十分规范。成交量也特别有趣，因为它本身也构成了一个碟形。碟形顶经常表现出这样的成交量形态，但有时成交量也会在价格顶部下降（反转的成交量形态）。不过对于碟形底来说，很少有不随价格变化的成交量模式。

第 **7** 章

V形反转

在股票市场中，要想获利就要承担风险。并且一般来说，潜在利润越大，风险也就越大。某类反转图形也是如此，它们是揭示最具动态的价格波动的强力工具，同时却也是最难以预判和分析的形态。事实上，即便形态已经完成，经验丰富的技术分析师也无法确定后续趋势是否会按常规发展。这类难以掌握的图形就是V形。

在其他反转形态中，买卖双方会在或长或短的期间内争夺主导权，轮流坐庄。可以说，这种力量的相互作用为市场的逆转做好了准备，也为技术分析者提前拉响警报。然而，V形形态却不存在这样的准备阶段——顾名思义，V形中的拐点出现几乎没有任何征兆，其变化剧烈且不可逆转，不像其他形态在反转中呈现渐进模式。仿佛有预先准备的信号一般，卖方手里的所有待售股票突然都被买方认购，而买方在接下来的一段时间内依然处于主导地位。

因此，V形预示着价格趋势的迅速反转，属于最难分析的形态之一。不过这种形态的发生通常需要一些条件配合。因为价格变动非常剧烈，所以预先掌握这些形态，可以针对走势采取相应的行动。V形反转后的行情幅度相当可观，因此很值得研究。在本章末尾，我们也会仔细研究几个真实案例来减少这一形态的神秘感。

首先，让我们解释一下V形的定义。V形通常有两种：标准V形和延伸性V形。

标准V形

标准的V形（如图31所示）呈现出真实的V形形状，其中有三个组成部分：

A.下降趋势：V形的左侧通常是下跌图形，其下跌部分一般相当陡峭，但是也可能是平缓而不规则的下跌——无论如何，整体趋势是向下的。

B.转势点：一天的盘中低点往往是形态的最低点。有时候，这种转折是渐进的，但是股价极少在这个区域停留超过几天。大多数实际案例中，价格在低点时会爆出大量。有时候，在转势点成交量惊人，使得当天成为高潮日。

C：上升趋势：第一个转折信号是股价突破下降趋势线（连接下降过程中的高点）。转折之后，成交量随着股价逐渐上升。这个阶段的早期比较棘手，必须等行情运行一段时间，才能确认这个形态是有效的V形。标准V形的左右走势是对称的，也就是说，如果下降趋势A呈45度角，上升趋势C很可能也是45度角。

图31

标准V形　　　　　　　　标准倒V形（顶部）

标准倒V形

倒转的V形会形成一个顶部，顾名思义，它是V形底的翻转形态。在大多数案例中，成交量会在转势点急剧放量，和股价一样，成交量自身也形成倒V形。然而，有时转势点的成交量没有明显变化，甚至会不同寻常地变少。

延伸性 V 形

延伸性 V 形的力量不亚于标准的 V 形反转，但它与标准 V 形有一定的差异（如图 32 所示），这使得这一形态更易于进行精准预测。经过转势点后，当股价穿过前面的下降趋势线，之后的行情会稍有不同。在标准 V 形里，股价会很快上涨；而在延伸性 V 形里，转势点后会形成一个有相当规模的横向盘整区间。最终，股价会突破这个交易区间的顶部，这样才完成了图形。具体来说，延伸性 V 形有四个组成部分：

A. 下降趋势：正如标准 V 形，延伸性 V 形的下降趋势可能很陡峭或呈不规则形态。多数情况下（但不是全部），下降趋势在即将到达最低点时会出现一个横向盘整区。

B. 转势点：正如标准 V 形，反转通常发生在一天之内，但是有时也要花费几天。成交量模式也很相似：通常会在转势点显著增加。

C. 初升段：股价上涨穿过从下跌前的高点画下来的下降趋势线，或是穿过在转势点前形成的震荡区间的顶部。突破过程中会出现大量。

D. 平台：这个部分是延伸性 V 形和标准 V 形的不同之处，这也使得延伸性 V 形更易辨认。这个平台区可能是平坦的，但是通常会轻微斜向下。随着平台区的形成，成交量趋于萎缩。当股价开始最后的向上突破时，成交量也随之放大。突破通常伴随着大成交量。

图32

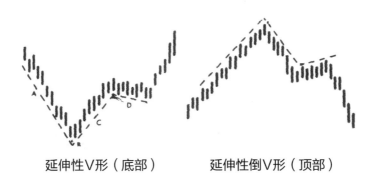

延伸性 V 形（底部）　　　　延伸性倒 V 形（顶部）

当股价带量突破平台区的顶部时，延伸性V形得以完成。如果平台区是斜向下的，股价会穿过平台区反弹最高点的下降趋势线。如果突破带量，通常会出现跟进走势，投资者可以考虑在这个接近底部的位置买入股票。

左侧延伸性V形

这类延伸性V形的平台出现在转势点之前，而不是之后。如同有人天生阑尾在左侧、心脏长得偏右，但这无关紧要，左侧延伸性V形也是如此（如图33所示）。

图33

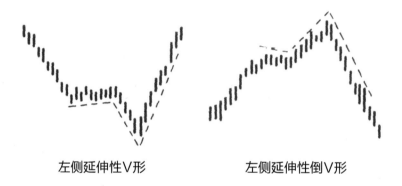

左侧延伸性V形　　　　　　左侧延伸性倒V形

市场操作策略

投资者在交易之前应该学习概率或者胜率。我们不应该只凭借一点市场知识或者经验，就建立僵硬的"系统"，并且用真金白银盲目跟随。面对真实的市场情况时，有必要保持灵活性和想象力。

正如我们在开始时描述的，V形是最难预测或分析的形态。这并不是说无法预测，否则也不会浪费时间来讨论。但是，投资者在面对可能的V形时，应该警惕虚假信号与陷阱，认清潜在的风险与可能的利润，并随时准备好撤退。

针对V形需要更灵活的操作方法。每只活跃交易的股票背后都有三方参与者：短线交易者、信息完备的投资者（"内线"）和广大股民。在几乎所有图形里，都能看到以上三股势力的相互作用，但在V形里并不是这样。V形反转是市场心理剧烈变化的产物，来源于内线都无法掌握的意外因素（即便是内线也很少能信息灵通到可以在趋势的最底部买入股票；一般情况下，他们更可能在股票下跌时进行增持）。

一则意外的新闻、一个政治事件甚至一条小道消息都可能导致买卖指令纷纷涌入，并且瞬间扭转股票趋势。因此，这样的反转是很难预测的。

唯一一个例外是当待售股票的数量巨大时。供给方谨慎但稳步地释出，给价格结构造成持续的压力。这时，一旦股票的供给出清，价格就会如皮筋一般迅速反弹。

在任何情况下，技术分析者都必须仔细观察可能的 V 形反转形态，留意形态完成的迹象，仔细研究股票的历史走势。如果认为形态有效，要带着谨慎的态度采取行动。

对于初学者（以及一些有经验的实践者）来说，在投入真金白银之前，可以先在 V 形结构实例里"演习"几遍。没有任何分析可以替代练习。下面几页会提供几个历史案例，并列出一系列问题。希望它们能够帮助读者提高灵活性，同时也给读者提供经验，更好地应用复杂但回报率高的 V 形反转形态。

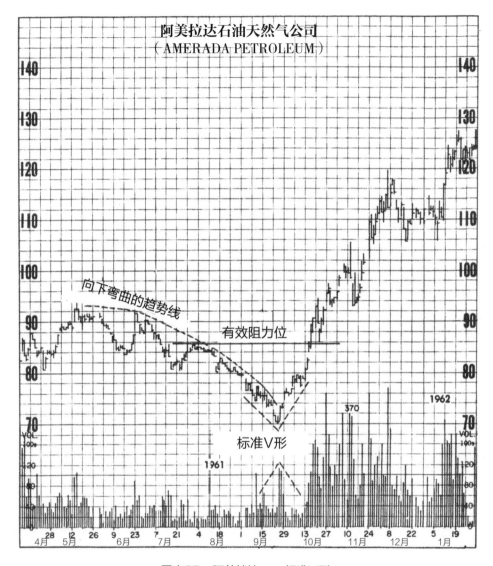

图表27：阿美拉达——标准V形

上图显示的V形反转在11周内带来了50个点的上涨。更引人注目的是市场平均股价低迷，并且对市场宽度的研究表明大部分股票处于下降趋势。1961年9月，关注该股价变动的人，若是足够幸运，可能会在靠近底部的时候抓到这个转折。其线索是股价以一个小的向上跳空缺口带量突破了向下弯曲的趋势线（见第11章）。由于V形不易辨识，可能需要等到股价超过80美元且带着巨大的成交量时，才能确认V形形态的形成。

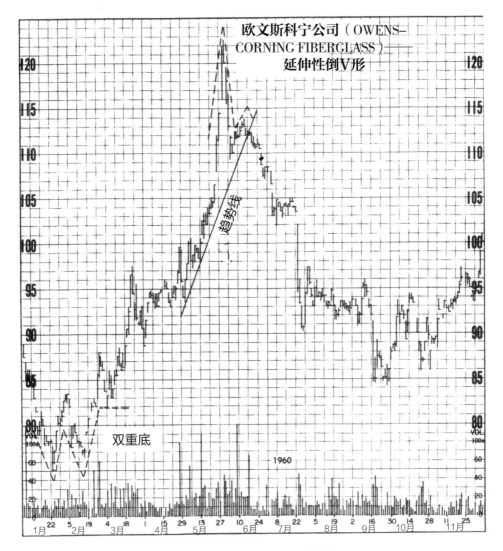

图表28：欧文斯科宁——延伸性倒V形

　　在1960年5月和6月形成的顶部形态，有时也被称为"教堂尖顶"，这个形态很符合本书描述的延伸性倒V形。要注意，平台或延伸部分是沿着一个从底部到顶部的陡峭趋势线形成的，跌破这根趋势线后，头部形态宣告完成。但是技术分析者应该等到跌破109¼的低点。顺便说一句，有辨别能力的技术分析者应该注意到，除了前面提到的趋势线，1960年欧文斯科宁的股票没有其他特别明显的趋势线。从2月开始的上升趋势和从6月开始的下降趋势并没有在一条直线上演变。另外，图形严格遵守了支撑阻力原则和其他形态规律，比如1月和2月的双重底。所有的股票都有自己的特点，所以要具体股票具体分析。

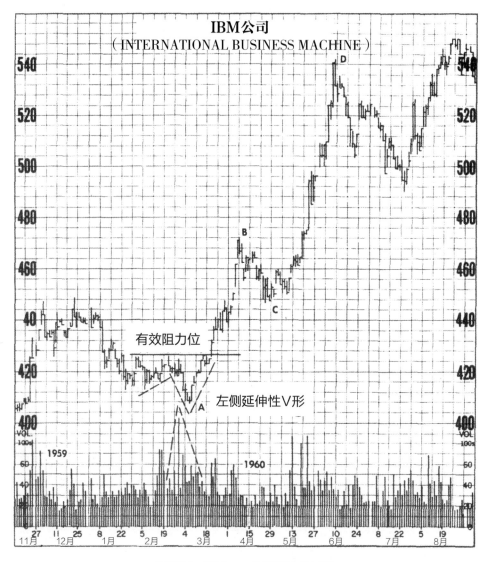

图表29：IBM——左侧延伸性V形

　　技术分析者一定不会错过IBM公司的走势图。作为美国商业和股市神话的IBM，仍然遵循着相对正常的图形走势。这个左侧延伸性V形在之前形成的支撑区（1959年10—11月的成交密集区）出现，并且发动了一波134点的涨势。底部的巨大成交量也告诉技术分析者，重要的股票换手正在发生。股价突破阻力线（2月份的高点）之后形态确认。读完第8章后，你将能分析出图中的可测量走势（即C点到D点的波动幅度比A点到B点更大）。另一个有趣的形态是在11月形成的三角旗形，它后来演变为向下突破的上升三角形。

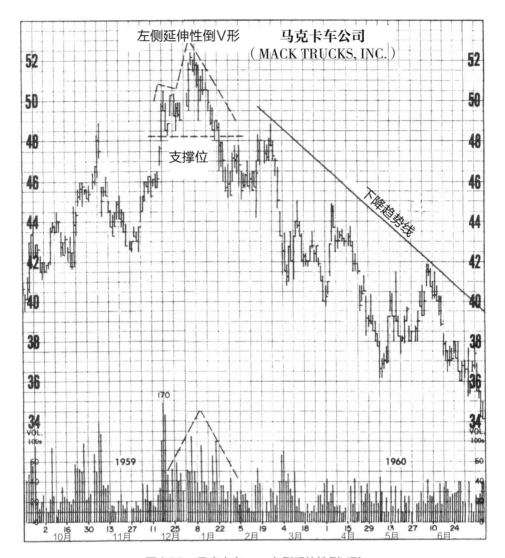

图表30：马克卡车——左侧延伸性倒V形

　　左侧延伸性倒V形比右侧延伸的形态更难预测。尤其在上面的图形里，左侧的平台呈三角形，分析师必须等到跌破三角形的低点才能确定V形的完成。在大多数有平台整理的案例中，无论是左侧还是右侧，平台结构都很明确，所以当价格跌破平台低点（V形顶中），分析师便可以完成他对于V形反转形态的分析了。这张图表中，尽管股价在下跌过程中波动比较大，但从来没有穿过下降趋势线。

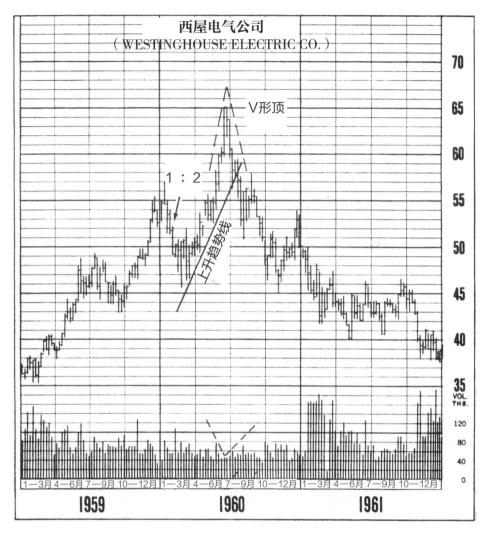

图表31：西屋电气（周线图）——标准倒V形

　　1960年，西屋电气周线图上形成了一个标准倒V形，或者说"V形顶"，这在顶部附近很难辨别出。仅有两条用于辨别的线索:（1）成交量在顶部急剧缩量;（2）在1960年7月跌破了主要的趋势线。然而，在1960年1月出现的顶部很容易被误判为V形顶。尽管前面几页列出的其他V形反转比较容易判断，但技术分析者时不时也要面对这种复杂的图形。这幅图是周线图，分析日线图可能有助于及时判断主要的反转形态。同一时期的日线图可能会显示不同的图形，但是有同样的预测含义。大多数情况都是如此，无论日线还是周线的趋势信号，都指向相同的结论。

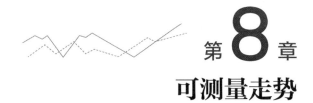

第**8**章

可测量走势

所有的趋势都有结束的时候。有时没有任何预兆便转向新的方向，如V形反转；但更常见的是，它们会遇到逐渐增强的阻力。

买卖双方力量趋于均衡，只要这种均衡继续，股价就会在图表中横向波动。市场评论员喜欢称这段犹豫期为"关键节点"，好比一只在篱笆上的猫，不知道跳往什么方向。

当方向相反的力量相遇之后，会互相斗争、摩擦，市场在这个"关键节点"的相互作用下，可能会形成"反转形态"的一种，意味着前面趋势的一个重大转折。然而在另一种情况下，股票可能会停下来去吸收它遇到的支撑或阻力，一旦支撑或者阻力消失，便继续它原来的趋势。这样的暂停或者犹豫，制造了一个中继形态——这本质上是一个打断（并非终结）原有趋势的震荡交易区间。正如在第2、3、4章里讨论的，它对于技术分析者的主要价值在于，表明了未来的支撑区和预测了后续的价格波动范围。

有人会觉得这没什么大不了的，但是在某种情况下，我们可以从中获得更多信息——从股价震荡的区间，**去预测下一步可能的走势幅度，或者股票在哪里会遇到下一个"关键节点"**。这种情况此前未曾有过命名，我们将它称为"可测量走势"。可测量走势通常有一个幅度很大的价格波动，但中间会被一个剧烈的"修正"（反弹或者回撤）或平行的震荡区间打断。这种打断把股票的趋势切分成几乎相等的、倾向于平行的两段。换句话说，股价在相同的时间内有几乎相等的移动距离（尽管有时第二段的时间会被缩短，因此看起来比第一段陡峭），如图34所示。

图34

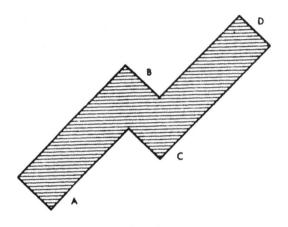

可测量上涨走势

请注意，图片涂了很重的阴影。这么做是为了避免被主要波动里小的反向运动分散注意力。看主要的牛市和熊市，其图形就如同山脉和山谷一样。现在对于短期走势，我们也要用这种宏大的视角。

可测量走势有以下组成部分：

A—B：第一个台阶。这可能是一个长期的、缓慢的上涨，也可能是一个短期的、快速的上涨。股价会在一个趋势通道里运行，但是不一定要沿价格波动底部画出清晰的趋势线，因为这个趋势线通常是向上弯曲的。记住，只考虑大的结构，而非细枝末节。

B—C：调整阶段。这可能是一段大幅回调或是长期的横盘整理。它更像一个铁路岔道，让火车转轨到平行的铁轨上。调整阶段发生在可测量走势的中段位置。

C—D：第二个台阶。波动和第一个台阶类似，但是需要从调整阶段的低点（B—C）测量第二个台阶的距离。这一阶段对成交量有重要的意义。在第二个台阶的一半或三分之二处，成交量趋于大幅增加；超过三分之二处，成交量趋于下跌。

上涨和下跌的可测量走势性质相同，上面的描述对下跌趋势一样适用，只不过需要反过来分析。图35展现了一个下跌趋势的可测量走势.

图35

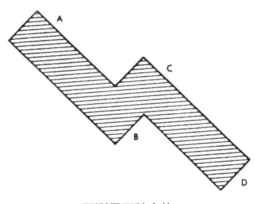

可测量下跌走势

现在我们已经了解了这种走势的结构，应该重新强调之前提到的一点：在可测量走势开始之前是没有办法预测它的。做这种预测就如同预测一只还在趋势中运行的股票，最终会以什么样的反转形态终结趋势。但任何情况下，都只有在形态发展了一段时间后，才能判断可能的结果。

另一方面，可测量走势在后期很容易辨别。并且，"关键节点"是一个可靠的指标，对于把握市场操作的时机有重要作用。

为什么可测量走势是如此有效又不太为人所知，但我们可以推测出来呢？我们可以把它看作一个球被快速扔向好球带，打者勉强擦到边，只能稍微改变球的运动方向。球弹开之后，可能飞到了捕手的手套里；如果他错过了球，球就会继续飞行，直到势能耗尽。

可测量走势的调整阶段的发生可能是由于获利了结、卖空或者其他动机。为什么第二个台阶（第二阶段）和第一个台阶（第一阶段）距离相等这个问题，可能需要更高深的统计数学或者心理学去解释。这可能和股票倾向于回撤上涨的一半（50%法则）有关。但不管出于什么原因，第一个台阶和第二个台阶之间有着很紧密的关联，技术分析者可以进一步研究它们。

让我们来观察一些真实的历史案例。如果这些分析能帮助读者掌握可测量走势，那么一定要把它放进工具箱里。

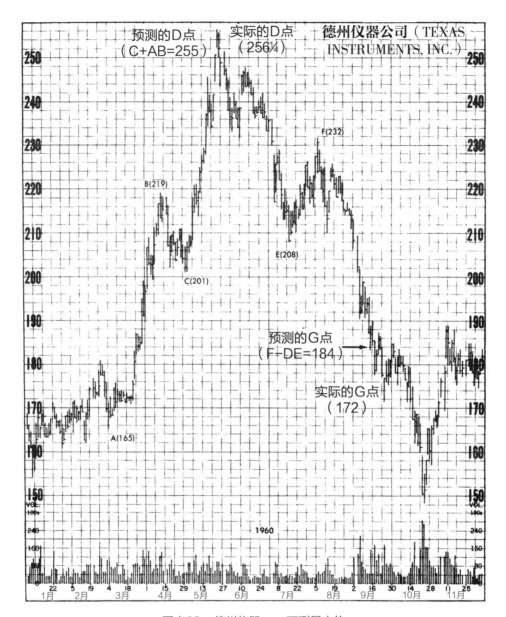

图表32：德州仪器——可测量走势

　　可测量走势的预测结果几乎与目标点相吻合。A点到B点的距离（219-165=54）理论上应等于C点到D点的距离。在C点（201）加上54，目标应该为255，而实际上涨达到了256¼（D点），比预期高1¼。在下跌过程中D点到E点的距离（256-208=48）应该等于F点到G点的距离。从F点（232）减去48得到目标价位184。而实际上，价格跌到G点（172）后，又一路下跌到149。有趣的是，之后又从低点反弹到了原定的计划目标位。注意，B、D、F三点形成了头肩顶。

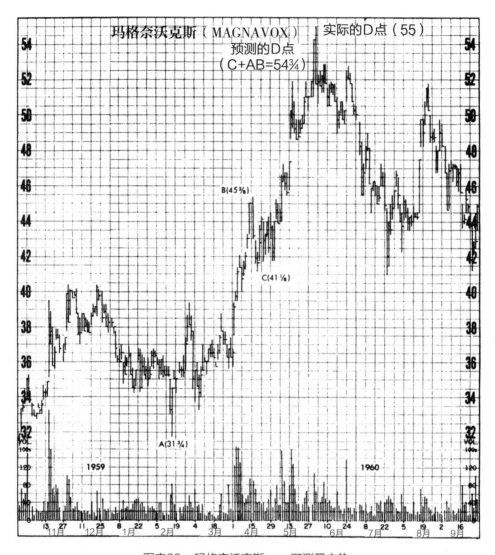

图表33：玛格奈沃克斯——可测量走势

　　这个例子用来说明在形态不是很明显的情况下，要如何分析可测量走势（比如，因为股价波动不规则和多缺口导致价格形态不清晰）。图表中在2月出现了底部A点（31¾），并且4月后于45⅜（B点）以下的位置形成了下一个成交密集区。这个密集区的底部（C点）在41⅛的位置。为了预测到D点的可测量距离，用45⅜（B点）减去31¾（A点）得到13⅝，再加上41⅛（C点）得到目标值54¾（D点）。而实际价格为55，只比预测目标价高出¼点。大多数形态不会得到如此接近的结果，经常比目标价位低或高几个点。

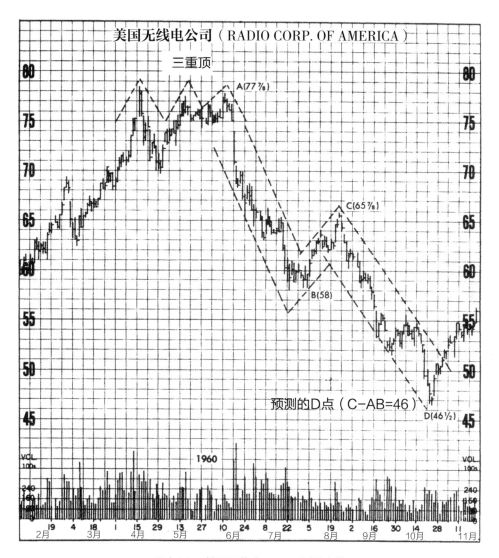

图表34：美国无线电——可测量走势

　　接下来看一个有趣的反转形态。1960年RCA股票出现了一个头部反转形态，引发了一波32点的可测量下跌走势。这个形态可以看作双重顶，即第二个头后有一个延伸的变形。然而，就整个变化轨迹而言，作者认为这个排列可以被看作三重顶。从A点到B点没有反弹，直跌19⅞点；C点到D点的下跌过程中有停顿。从C点（65⅞）减去A点到B点的距离（19⅞），得出下跌的目标价位是46。实际下跌的最低点D点是46½，只比预测的目标价位低½。

第 **9** 章

螺旋形态（三角形形态）

当股价在小范围内频繁波动，就好像机械玩具上的弹簧一般。压缩弹簧后，一旦松开，就会产生动力。正如弹簧的这种动力可以使玩具移动，股票的螺旋形变化也会推动股价。在玩具中，压缩弹簧的是机械力量；而在股票市场，这种力量是由买卖双方对行情的不确定性所累积的。典型的螺旋形态（三角形形态）如图36所示。

图36

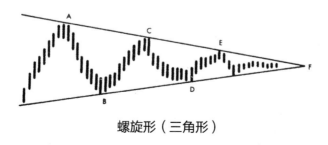

螺旋形（三角形）

一系列价格涨跌构成了螺旋形态。在上例中，价格上涨到A点，在此处买方力道缩减，且可能获利了结，看多的人对多头行情产生疑虑。之后，价格回调到B点，吸引了新的买家。后续到C点的反弹又让一些觉得股价太高的人卖出。从C到D的回落增加了看多的人的焦虑，反弹到E点又让看空的人也产生了相同的感受。与此同时，随着买卖双方对于未来股价方向的不确定性增加，成交量逐渐萎缩。在螺旋形态的顶点F点，买卖压力达到了完全的均衡。在此处，极少量的买卖行为都可能打破平衡，并且造成巨大的反弹或下跌。这也导致根据螺旋形态预测股价方向十分困难。

何去何从

多数情况下（大概60%的概率），这种供给和需求之间的均衡只是暂时的，并且只代表着价格在长期趋势中的短暂停顿。所以，螺旋形态经常被认为是之前趋势的一种延续。但是在其他40%的情况中，螺旋形态可能是其他形态的一部分，或者会成为反转形态。即使在这些例子里，螺旋形态同样代表着供求间的平衡，因此对于任何多空力量的影响都非常敏感。在许多例子中，突破本身——即便是由很小的买卖行为引起——便足以颠覆原有的均衡状态。

"螺旋形态"的名称更能凸显弹簧的特性，而"三角形"的叫法更利于进一步分析。图表中出现的三角形形态可以分为四类：对称三角形、上升三角形、下降三角形、倒三角形或漏斗形（如图37所示）。

对称三角形：连接反弹高点和回撤低点的线在图形的顶点处汇合——这两条直线分别是三角形上下对称的两腰。当价格突破其中一条直线——带量突破更好——三角形形态就完成了。

上升三角形：理想情况下，顶部的线是水平的，底部的线斜向上和顶部的线汇合。这种图形顶部价格的连线代表了在此价位上的供给，底部连线向上倾斜，代表买方需求变得更强烈——也就是说，随着时间的增加，需求更愿意满足供给的价格。当需求在这个价位上最终超过供给，价格突破，形态得以完成。在形成过程中成交量仍然相对较低，但在突破的时候应该增加。

下降三角形：结构上与上升三角形相反，预示着新的下跌。底部水平的线代表支撑或需求，向下倾斜的线代表供给随着时间的推移而增加。当买盘无法承受卖压时，股价向下突破支撑线，形态得以完成。形态完成的过程中，成交量也趋于下降，但在突破的时候会出现大量。

倒三角形：这个形态也被称作漏斗形，看起来像翻转的普通三角形。它代表了一个较为复杂的环境——充满紧张与不确定的市场情况。在这一形态中，价格波动愈发剧烈，成交量也随之增加。

图37

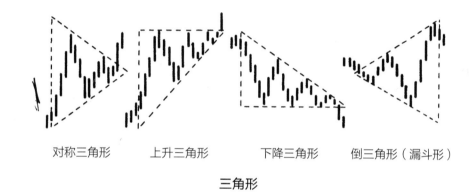

对称三角形　　　上升三角形　　　下降三角形　　　倒三角形（漏斗形）

三角形

市场操作策略

对于三角形的分析，应该和其他图表信息结合使用，比如趋势线、支撑和阻力等。以下是进一步观察三角形形态的注意事项：

1. 任何三角形形态最终都可能成为之前趋势的中继形态。

2. 在四种三角形中，持续之前趋势的概率按照以下顺序依次递减：上升三角形、对称三角形、下降三角形、倒三角形。

3. 应该在三角形内部的最低点或等后续走势明朗后再买入。因为在三角形形态内部买入风险极大，它们经常产生错误走势，是所有形态里最不可靠的。

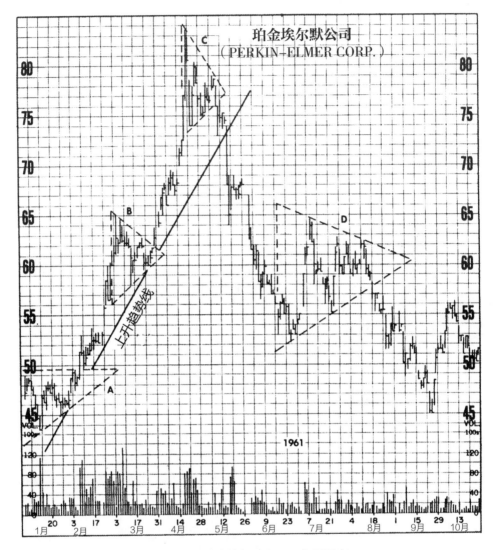

图表35：珀金埃尔默——三角形形态

珀金埃尔默的图表展示了本章提到的四种主要三角形中的两种。图中画出了形态结构，并且分别标记为A、B、C、D。三角形A是上升三角形，它和其他三种类型相比，保持原有趋势的可能性更高。三角形B和C是普通规模的对称三角形，此处B延续了趋势，并且是整个上涨过程的中段；C则演变成了一个主要的反转形态。要注意，价格刚开始突破时，遇到了上升趋势线（1—3月低点连线）的支撑。不久后，趋势线被带量突破，并且一个主要的下降趋势开始形成。三角形D是一个大型的对称三角形，是一个中继形态。

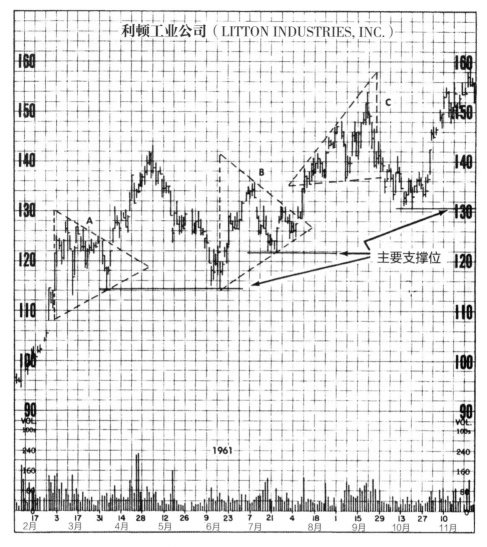

图表36：利顿——大三角形形态

1961年的牛市中，利顿股票的主要形态都是大规模的三角形形态（A、B、C）。三角形的陆续出现给很多分析师造成了迷惑，事实上，它们都是原有趋势的中继形态（股价从年初的88涨到了12月的166）。A和B是近乎完美的对称三角形，C是罕见的倒三角形。技术分析者对于C处向下的假突破应该习以为常，因为这在三角形中经常出现。然而，在历史顶部的倒三角形表现出卖方和买方心理上的高度不确定性，这预示着价格可能到达了顶点。在上面的图形中，主要的支撑线都没有被突破。顺便说一句，将三角形A和B一起看的话，看起来像是一个未完成的大型头肩顶形态的左肩和右肩。

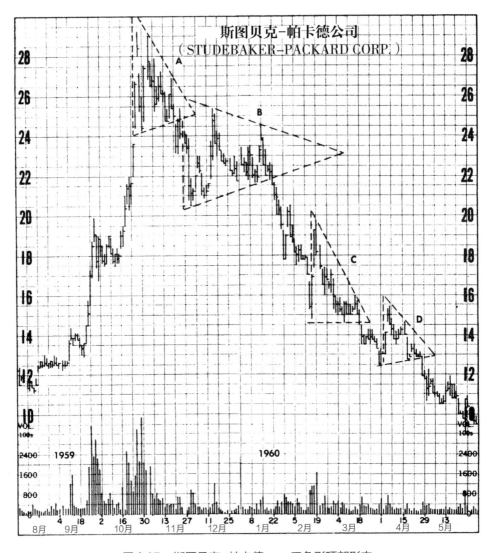

图表37：斯图贝克-帕卡德——三角形顶部形态

1959—1961年，斯图贝克一直是纽约证券交易所最活跃的股票之一。在1959年的某些交易日，它甚至贡献了10%的整体交易量。不过，整体的活跃度并没有改变价格形态的重要性。这里螺旋形或三角形是主要图形。A是一个下降三角形，慢慢演化成了一个主要的顶部。之后，价格回落到了三角形A的端点，然后形成了对称三角形B。三角形C和D都是下降三角形，是原有趋势的中继形态。读者读完下一章（第10章）后，会发现图中有一个非常完整的旗形结构，预言了9—10月的上涨。

第**10**章

中继形态

即使最强的趋势也不会一直不间断地持续。它们会受到获利了结、支撑阻力或者其他因素的干涉。趋势背后的力量有时会短暂地变弱，或者对立面会放出强烈的阻力。

在供给和需求的相互作用下，图表上会呈现新的形态。如果它预示着平衡力量的重要变化，我们称之为反转形态；如果它只是一个暂停，后面原有的价格趋势继续，我们便称之为中继形态。

从技术上说，三角形形态经常被归为这个类别，因为它经常会继续原有的趋势。然而很多时候，三角形也会背叛其原本的形态，最后演变成反转形态。因此，我们要特殊看待这个复杂的形态。

现在，让我们了解一组更加可靠的中继形态：箱形、旗形、三角旗形、楔形和菱形（钻石形）。它们名如其形。

图38

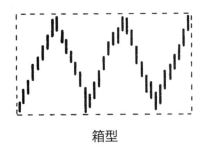

箱型

股价在超过几周或几个月的时间内横向运行，勾画出一个正方形或矩形（如图38所示）。这类图形非常常见；它们代表着股价受到强力支撑和阻力影响，在它们之间来回摆动，买家和卖家都不能占据主导地位。箱形的突破通常是有效突破（不像三角形形态），大多对后续价格运行的方向有指导意义。

图39

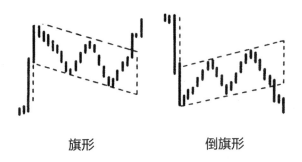

旗形　　　　　　　　倒旗形

如图39所示，绘制旗形时应该将其刻画为在微风中飘动的旗帜（如果风势太大则会呈水平运动，形态会与箱形混淆）。理想的情况是，它形成向下倾斜45度角的平行四边形（对于上升趋势的旗形形态而言；下降趋势的旗形通常是向上倾斜45度角）。旗杆处有急剧上升的成交量。旗的褶皱是价格回调整理的摆动。松散结构的旗形是不可靠的，尤其是当它们向上倾斜的时候（就上升趋势而言）。但是紧致的、迅速形成的旗形结构，是最值得信任的图表结构——即使是斜向上的。它的可靠性可以用简单的市场心理来解释：迅速上涨的成交量制造了旗杆，也制造了很多潜在的卖家，他们想要获利了结，并且价格的上涨也消耗了很多短线需求。

因此，股价会缩量下跌。每一个低点都比之前的低点低；每次反弹都不超过前面反弹的高点，因为需求在短暂地变弱。在新的卖家被满足之后，这种下跌的趋势就会停止。随后价格重新回到原来的上升趋势线，买家开始出现。

图40

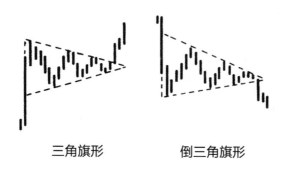

三角旗形　　　　　倒三角旗形

正如旗形结构一样，三角旗形也有一个旗杆（如图40所示），带着较大的成交量快速上涨。然而，三角旗形背后有一股狂风。它不像旗形那样下垂，而是比较紧绷，沿着水平线发展，并且呈三角形状。这也暗示了相比旗形结构，三角旗形的供给和需求在震荡阶段是更平衡的。两者在成交量模式上大致相同。三角旗形某种程度上比旗形更可靠，而且结构越紧凑，对后续强劲走势的预言越可靠。

图41

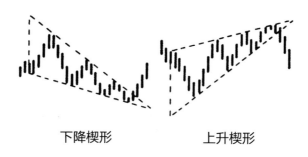

下降楔形　　　　　上升楔形

楔形（如图41所示）是上面介绍的几种形态的混合。它们可能与旗形相似，但是楔形价格波动底部和顶部连成的线倾向于相交，而不像旗形那样平行。如果楔形的开端是剧烈且近乎垂直的价格运动，并将其看作一个"旗杆"，这个楔形可能看起来像一个斜向下的三角旗形。此外，它也体现了三角形形态的一些特征，不过三角形是水平图形，而楔形则向上或向下倾斜。这种倾斜——也只有这种倾斜——将楔形和其他中继形态区分开来。下降楔形通常出现在主要的上涨趋势中，经常是看涨的；上升楔形则更多出现在下跌趋势中。同其他形态一样，成交量在楔形形成的过程中萎缩，在突破的时候才放量。

图42

菱形（钻石形）

菱形也称作钻石形（如图42所示），经常出现在股价大幅波动之后。当市场情绪高涨，大众对股票的兴奋和担忧交替出现，股价就会大幅波动；如果情绪没有那么高涨，股价或多或少会在水平方向整理，反映出短期供给和需求的平衡。在菱形形态中，价格先是在高成交量下波动越来越大。之后，兴奋开始消退，价格波动收缩，成交量随之显著下降。这段时间的高点和低点就形成了菱形。当以后价格突破高点或者低点时，成交量将会快速上升。

菱形比我们之前讨论的其他中继形态更具欺骗性——事实上，许多菱形都会发展成为反转形态，有时还会和其他形态相混淆，看起来像一个头肩顶或延伸性V形。菱形的特征在于它的高点和低点以及成交量模式。通常，发生在上升趋势的菱形，价格会向下假突破，然后重新大幅上涨。菱形可能有点难对付，但它之后出现的形态经常会让人兴奋——女士们都知道，钻石是值得收藏的。

市场操作策略

如果突破发生在狭窄的箱形、旗形和三角旗形中，则可以依据它们对未来趋势做出判断。它们不仅表明了未来价格移动的方向，而且通常出现在更快和大幅度的波动之前。因此，很多交易者只根据这些信号来行动。

　　宽松的箱形、旗形、三角旗形和所有的楔形与菱形，尽管不能完全相信，但都是相对可靠的形态。它们能帮助确认主要的趋势形成，同时帮助判断支撑位与阻力位，从而决定买点或卖点。

警示

　　一个明显的中继形态常常会毫无预警地变成反转形态。投资者必须接受这种可能的风险，保持警觉，随时做好准备应对趋势反转。

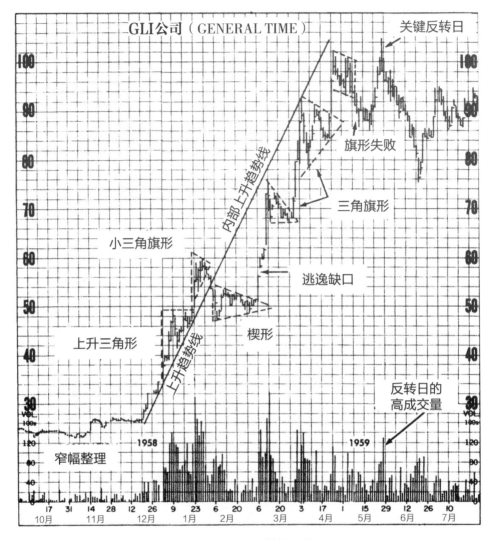

图表38：GLI——关键反转日

GLI的图表是之前描述的形态的集锦。在9月和10月，一个窄幅整理的大底部在为很强的上涨准备，随后的三角形、旗形、三角旗形和缺口都预示着上涨。2月5日，一条陡峭的上升趋势线被击穿，但是上涨在上升趋势线下方继续。在第2章，这条线被描述为内部趋势线。不完整的三角旗形（1月结束）和旗形（4月结束）是两个有趣的形态，它们之后都创了新高，但是旗形的破坏确实也警示了顶部可能即将出现。关键反转日出现了高成交量，标志着5个月以来的涨势告一段落，股价随后回调到60美元。

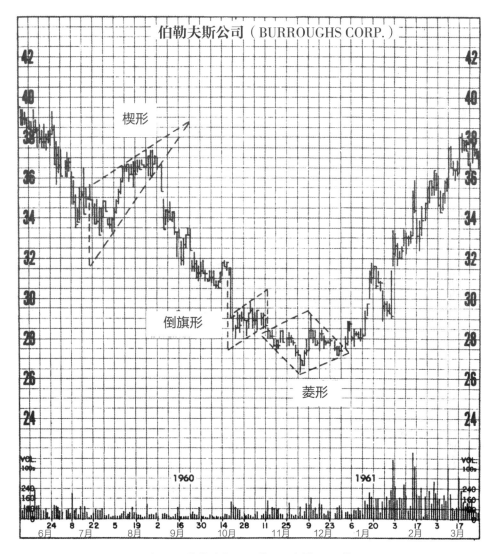

图表39：伯勒夫斯——楔形、倒旗形、菱形

左边的图形是一个相当大的上升楔形。正如在之前章节解释的，这种倾斜是楔形区别于三角形的主要特征。进一步说，上升楔形预示着下跌的趋势，这被向下的突破确认。倒旗形是旗形结构的倒转，是可靠的中继形态，预示着股价会继续下跌。旗形完成之后，价格走出一个菱形，此后主要的趋势发生反转，这比较少见，因为菱形大多数是中继形态（虽然有时候比较复杂）。

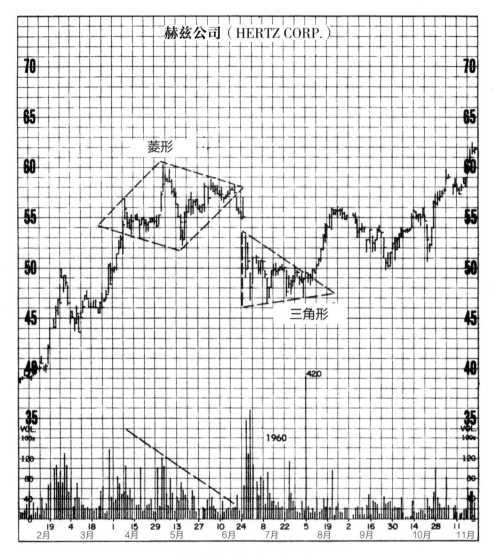

图表40：赫兹——菱形

　　菱形在4—6月形成，没有经验的分析者经常把它误认为是头肩顶形态，但经验丰富者很容易识别出二者的不同。首先，从头部的下跌跌破了左肩（假设）的低点。其次，在大多数菱形结构里，很难辨别出肩部。在这一章刚好描述了这类走势，"出现在上升趋势的菱形，价格会向下假突破，然后才大幅上涨"。这里的菱形被证明是中继形态，即使开始的突破使得它看起来像是反转形态。

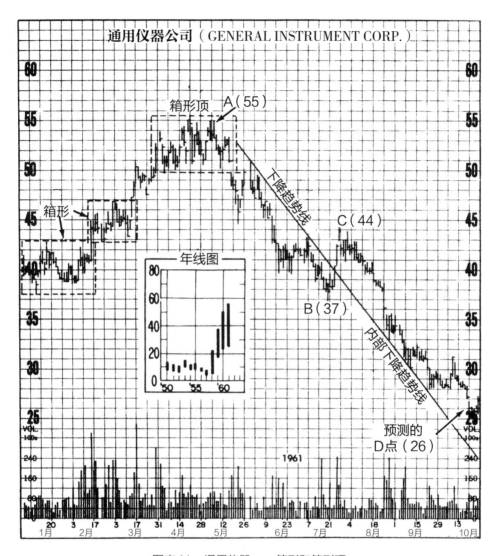

图表41：通用仪器——箱形和箱形顶

　　在1961年初期，通用仪器的图表由一系列箱形构成。第三个箱形演变成了一个主要的头部，之后不到5个月内下跌超过了55%。正如之前章节所介绍，箱形经常是中继形态，只有少数情况下才会变成反转形态。观察长期的走势图对分析这个少见的形态有帮助。第一，经过4年的上涨之后，通用仪器的股价到达了历史高点，在50～55，这种高度会让人感到有点不安。第二，可测量走势（本图未显示）的目标价位是55。第三，这个图形完成之后，主要的趋势线被突破。后面的下跌完美遵循了内部趋势线和可测量下跌趋势的规律。注意价格在7月突破下降趋势线后，一直沿着趋势线的上缘移动，并且，A点到B点的距离和C点到D点的距离几乎相同。

第 **11** 章

反转日、缺口和岛形

多年来，技术分析师已经建立起一套图表语言来描述这些有趣的图形。在这些术语中，有四种投资者熟悉的形态：关键反转日、大量换手日、缺口和岛形。

这些图形在趋势预测中的可靠性是有限的，但是确实会在图表上频繁出现，有时候甚至会导致主要的趋势反转。因此，当这些图形出现时，投资者要仔细分析、判断。

反转日

一只股票在某个时间段内一直上涨，某一天，股价被推上新高，忽然又遇到很强的卖压。价格快速下跌，并且收盘在前一天的收盘价之下——换句话说，当天是亏本的。同时出现新高和当天亏损的交易日就被称为"顶部反转日"。

相反，"底部反转日"发生在下降趋势中，指的是当价格触新低，然后反弹到当天收益为正。

一般来说，这样的反转日代表既有趋势的一个短暂停顿，或是既有趋势发展

113

速度的下降，而发生重大反转的情况比较少见。如果真的发生，这一天便被称作"关键反转日"（如图43所示）。

图43

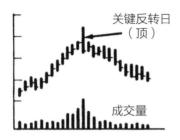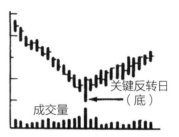

关键反转日

一旦新的趋势建立起来，关键反转日就很容易辨认，但在刚开始的几天之内发现它是比较难的。异常的成交量可以提供一些线索，其他因素也应该被考虑进来——举个例子，技术分析者应该仔细观察反转日是否会出现重要的支撑/阻力位。

这一现象发生的原因可能是：价格经过一段时间上涨，如果没有出现修正，一些交易者会开始紧张，并可能在股价转弱的第一时间卖出。盘中创新高后收低，本身就是一个转弱的信号，这会使得很多股票持有者在后面几天卖出，引发一系列连锁反应。

发生在主跌段底部的关键反转日可能更好识别和解释。在长期持股后，最后的"多头"也绝望了，为了防止损失进一步扩大，他们决定卖出股票锁定损失。随着他们的卖出，股价创下新低，股票经纪人可能会叫更多的客户补充保证金，从而产生更大的卖压。价格在低迷的交易下急剧下跌。

然后，正如说来就来、说走就走的夏天的风暴，卖压忽然消失。卖空者买入股票回补仓位来锁定利润。然而这个价位的卖出者并不多，他们很难买到量，股价很容易上涨，且收盘价在前一天收盘价之上。短线交易者观察到了卖出高潮和当天的收益，决定买入赚取至少一个反弹。

图表44

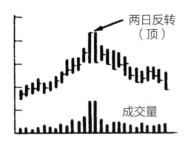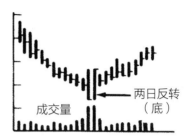

两日反转

上面结构的一个变形是两日反转（如图44所示）。假设一只股票有一个主升浪，第一天股价创新高，并且收盘到当天的高点。第二天，这只股票在第一天的收盘价附近开盘，但是股价开始走低，并且收盘在当天的最低点，也是前一天收盘价的低点。

可能在第一天的上涨之后，一般人都会预期价格继续走高。但是当股票跌到前一天的最低价，而不是创新高之后，他们的信心动摇了。如果其他条件配合的话，这种信心的冲击会导致主要趋势发生反转。

此处，高成交量可能会是一个有用的线索。并且，正如单日反转，两日反转可能发生在一个下跌的底部，也可能在一个上涨的顶部。

缺口

有时，一只股票的开盘价会比前一天的最高价还高，并且持续上涨；或者开盘价低于前一天的最低价，并且持续下跌。

其中任何一种情况在图上都会留下一个引人注目的缺口——引人注目是因为，在正常交易的过程中，股价在一天内的波动范围会和前一天与后一天的范围有所重合。

缺口可以为分析者提供更有用的信息，但是必须确定是什么类型的缺口，以及股价的走势情况（如图45所示）。

图45

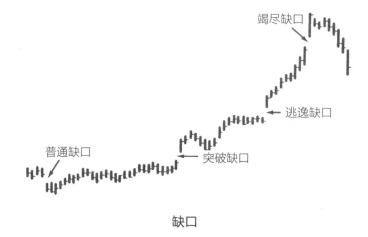

缺口

普通缺口：交投活跃的股票很少出现缺口，但是一旦有缺口就有重要的意义。缺口通常会出现在交投不活跃的股票走势中——一个相对小的买入或卖出指令都可能造成股价的大幅波动。很明显，这类缺口实际上是没有什么意义的。但是老派的技术分析师坚持在这种有限的基础上建立一个理论。通常，产生普通缺口的股票，股价在很短的时间内会回补缺口。这些分析师认为每个缺口都应该被回补——即使要用这只股票一生的时间。交易者最好不要孤注一掷地把资金都赌在这种假设上。一如往常，他们应该在判定缺口的意义之前仔细分析股票过去的量价表现。

突破缺口：这种缺口有些特殊。它通常在一个重要的形态完成之后出现，常常标志着一个主要价格走势的开始。向上的突破缺口经常伴随着成交量的上升，当天的震幅（盘中最高价–最低价）通常会大于正常水平——换句话说，是一根长K线。向下的突破缺口可能也伴随着大成交量，但是成交量在这里并不是很重要。无论是向上还是向下，突破缺口意味着股票在前一天收盘后、第二天开盘前，发生了一些重要事件。这种事件通常是预期之外的新闻事件——拆股、分红、合并、政府行为、战争恐慌等——并会在相当长时间内改变市场心理，驱动股票大幅波动。这些缺口有时会被很快回补，但大多数情况是，股价会向突破的方向加速。在第一个突破缺口出现后的几天里，随着对事件兴奋情绪的扩散，股票进而产生一个或更多的缺口也是正常的。

　　逃逸缺口（衡量缺口）：资深交易者喜欢买在回调的时候，也就是在一个主要趋势发动之后。但是有时，股价不会回调，而是一直加速。这时观望的投资者就会因为害怕错过机会而上车。与此同时，那些卖空的人看到股价上涨，为了减少损失会加速回补。股价变动挑起了大众的兴奋情绪。一个新的买入潮发酵，创造了一系列的逃逸缺口，这也被称为衡量缺口，因为它们主要发生在主要股价波动的中段，可以用来衡量或预测可能的波动范围。举个例子，如果一只股票在20～22美元形成了底部，然后股价上涨到40美元，并在此处形成逃逸缺口，之后股价可能会上涨到58～60美元。

　　竭尽缺口：随着上涨的持续，更多的持股人在兴奋的同时开始紧张。他们感知到这种上涨不会持续下去，但是他们不想卖出，害怕错过上涨的好时段。其中，某些认为股价涨幅太大的投资者决定卖空，但是随着上涨动能持续发展，空头被迫回补仓位，这更加刺激了购买的热潮。到了涨势末期，往往会出现井喷行情，从而出现一个或多个缺口，带领股价进入一个许多持有者很久之前就想获利了结的区域，因此喷出行情引起巨大卖压，股价可能在一周左右回补缺口。这就是竭尽缺口。很明显，它标志着最后的买入冲动，在此之后，股价疲态尽显，开始下跌。我们有必要仔细研究整个情况来做早期的区分——一个重要的区分——辨别是逃逸缺口还是竭尽缺口（两种缺口在上涨和下跌的途中都会发生）。

　　岛形反转：当竭尽缺口后出现一个反向突破缺口，股票的趋势急剧反转，图表中的形态便称为岛形。举个例子，股票XYZ有一个强劲上涨。某天到达了一个高点（假设是在周三），带大量创下新高并且持续上涨，但是需求开始逐渐减少，大量获利完成。然而，股票收盘仍然有足够的获利，以至于在图上留下了一个向上的跳空缺口。但是一夜之间，卖单上涨过快，导致XYZ周四开盘价直接向下跳空（开盘价低于周三的最低价），并且持续下跌。走势图上，周三的K线被前后两个跳空缺口夹着，与左右两边互不相交，就像孤岛一般，这一天便被称作单日岛形反转。其他岛形结构也可能由两天或者更多天的K线构成。无论如何，它们都象征着之前趋势的暂时停止，并且可能伴随着异常的成交量——预示着一个趋势的关键反转（见本章末尾安富利公司的案例）。

大量换手日

当成交量特别高或股价罕见波动（两者经常同时出现）时，技术分析者会把这一天称为大量换手日。很明显，股票在那天发生了大量换手，从随后的股价运行可以看出买入者的决定是否明智。无论如何，仔细研究这个走势一定会发现有用的信息。例如，这种形态是在消化巨大的卖压，而一旦卖压被消化，后面价格上涨的阻力就会很小。

市场操作策略

本章讨论的所有特殊形态——一日和两日反转、缺口、岛形以及大量换手日——都应该被投资者与分析师看作是警告标识。他们必须仔细观察，结合图表的其他图形（包括趋势线、支撑/阻力位和可能的反转形态）全面分析。不同条件下的特定形态会决定是否应该买入或卖出，不可能有固定不变的规则。但是，我们不能忽视这些警告。下面这些历史案例将说明这些警告是多么重要。

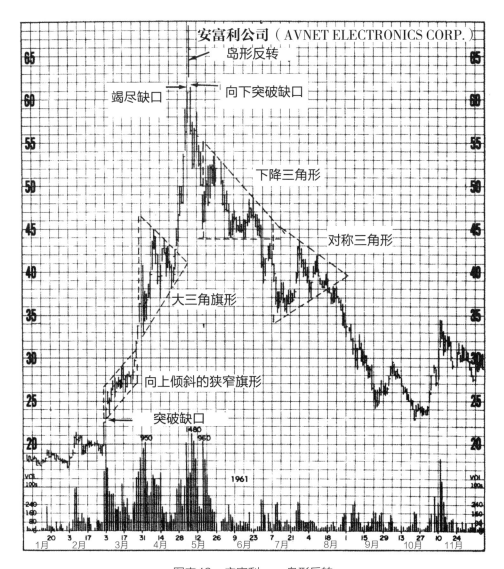

图表42：安富利——岛形反转

这个例子说明了分析日线图的重要性。在不到10周的时间内，安富利的股价翻了整整四倍（从17⅛到68½）。之后三天的股价刻画出了一个经典的岛形反转形态，这引发了一段跌势，差一点抹去之前的涨幅。这个岛形成于1961年5月8日，当天价格跳空，高开到了新高，并且在第二天跳空低开，收盘价低于前一天的最低点。整个上涨阶段疯狂的成交量在五天内便到达了高峰，这也标志着顶部的形成。图表中标出了所有比较明显的价格形态。上涨过程中，出现了最强劲的多头形态——狭窄的旗形和大三角旗形；下跌过程中出现了三角形形态。

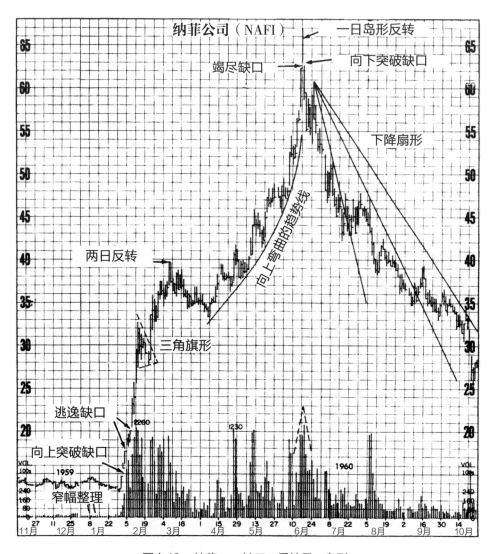

图表43：纳菲——缺口、反转日、岛形

这张图表包含很多本书讨论过的形态。首先是窄幅整理的底部，这驱动了一波上涨。随后出现的突破缺口和几个上涨过程中的缺口，对于有经验的技术分析者来说，明显表明了价格会向上走。纳菲公司的股价在6周内翻倍，然后走出了一个两日反转形态。在大多数的例子中，这样的形态完全会逆转趋势，但是对于纳菲，在4周的短暂停顿后，第二阶段的火箭般的价格上涨重启了。一条陡峭的上升曲线把股价带向了巅峰。价格在疯狂的成交量推动下猛涨，向上跳空到了新高（竭尽缺口），然后向下跳空形成了岛形反转。主跌段形成了扇形结构，突破第三个下降趋势线意味着下跌的结束。

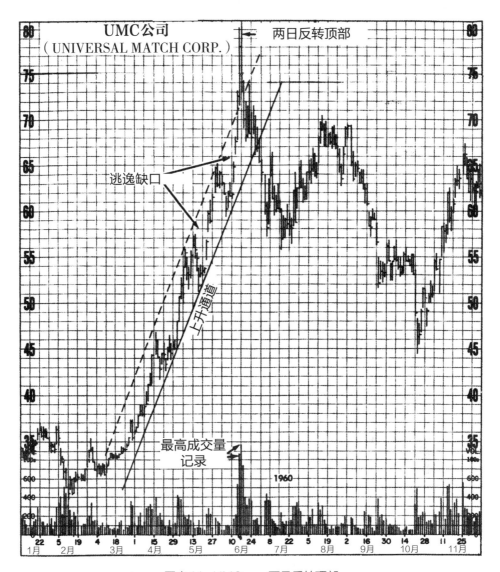

图表44：UMC——两日反转顶部

UMC公司于1960年6月15日进行了一次拆股（1股拆2股），图表也随之调整。事实上，股价在18周内，从2月份的不到29美元，到了6月份的80¾美元，上涨了51¾点（拆股前）。同大部分情况一样，这个涨势也准确沿着陡峭的上升通道发展，然后到达了顶点（一个在异常高的成交量下的直线上涨）。6月14日，股价在当年最高的成交量下到达了新高，并且在最高点收盘。6月15日，高点没有被超越，并且价格收于前一天低点的附近，成交量又创新高。这两天被证明是未来几个月UMC公司股价的顶部。图表爱好者可能会质疑：这个顶部应该被标记为一个关键反转日，因为6月15日创下了新高。这可能是正确的。但无论是一日反转还是两日反转，这个形态都是很出色的。毕竟在1962年2月前，价格仅在25美元以下。

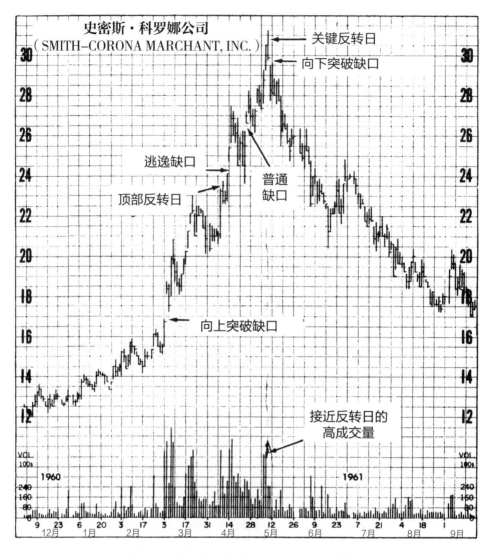

图表45：史密斯·科罗娜——关键顶部反转日

史密斯·科罗娜股价上涨的高点和下跌的起点以一个关键反转日为分界。仅仅一天的股价，便颠覆了持续几个月的趋势。反转日发生前两天的成交量暴增，更进一步确认了该日价格达到了顶部。一般来说，这类顶部发生之前，交易量都会达到最高值。另一个重要的顶部确认信号是反转之后的向下突破缺口——这在关键顶部反转日形态中很常见（可参见安富利和纳菲的图表）。图表中的其他形态还有顶部反转日、向上突破缺口、逃逸缺口和普通缺口。其中顶部反转日出现后很快恢复上涨，证明这个反转日不是很重要。而突破新高的缺口很明显地区分了逃逸缺口和普通缺口。

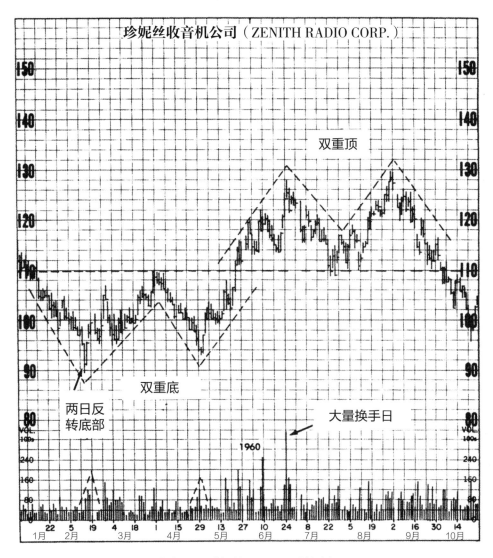

图表46：珍妮丝 —— 两日反转底部

在2月份，两日反转终止了急速的下跌趋势，并且支撑了一个反转形的价格上涨。这两天的底部在5月份和10月份再次受到挑战，但是每次都没有成功突破。一直到1961年的早期，这个低点都没有被突破，并且它被证明是一个让股价到达250美元的转折点。仔细观察两日反转的底部，就会发现两天中任何一天的价格和成交量的波动范围都比平均值要大。图表上另一个吸引人的点是6月24日的大量换手日，这里代表了显著的供给压力，也造成了9月2日的回调。整个图表呈现着不同寻常的对称现象。一个大的双重底（由两日反转和5月的低点构成）几乎由一个大的双重顶所平衡。两个底部和两个顶部的距离几乎都是10周，并且两种形态的突破位几乎相同（约在110）。

第**12**章

陷阱

正如狐狸对幼崽的教导一样，现在是时候讨论一个令人不太愉快的话题了。事实上，"陷阱"不是一个形态，而是一种困境。它可能出现在前几章描述的形态结构中，也可能单独出现。分析师用他们生动的图形词汇，把这些情况描述为"多头陷阱"和"空头陷阱"（如图46所示）。

图46

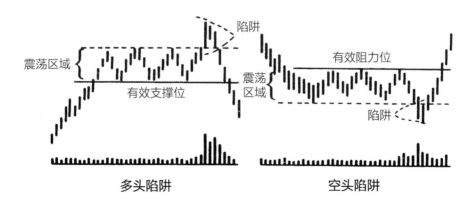

多头陷阱　　　　　　　　　　空头陷阱

基本上，多头陷阱发生在股票在新高附近狭幅震荡一段时间之后。价格突破创下新高后，突然跌破以前交易区间的支撑线，让"多头"（或者那些在股价向上突破时买入的人）陷入亏损。陷阱造成的损失可以用成交量来衡量，在陷阱中的成交量越多，被套牢的人越多。空头陷阱不是太常见，当股票跌破成交密集区或横盘震荡区的低点后，又反弹回交易区间。大多情况下，陷阱结构后会紧跟着一个中期行情（10%～25%），甚至一波大行情（25%～50%）。

在这种情况下，这只股票就好比一个站在池边很久的游泳者，他最终把脚趾伸入水中——也就是新高或新低区域——但是发现水太凉了，又抽了回去。从市场心理角度看，股价突破新高后，会鼓励原来的持有者，也会让新进者兴奋——但是也会招致在新高价位附近大量的、不可见的股票供应。供给大过需求，股价下跌，对于这只股票的信心暂时被打断，新买入者发现他们陷入了损失中。许多人接受亏损的现实，开始卖出，这样股票的卖压就更大了。

确认这种形态的两个关键因素是：**异常的成交量和创新高后又跌破前期的趋势线或支撑线**。当一只股票在主升浪中突破新高，然后缩量回撤时，不应被认为是陷阱结构。事实上，只要回撤不跌破明显的支撑位或趋势线，就可以认为是正常的股价反应，且会被解释为看涨（要牢牢记住，在现实的交易活动中，卖出多少股票就有人买入多少股票）。如果股票不能在高成交量下继续上涨，那么很明显，这个价位存在着大量的卖出压力。

市场操作策略

陷阱这个命名很贴切。即便很多经验丰富的技术分析师也会被其所迷惑，因为它们一开始——创新高或新低——看起来像一个继续前进的信号。在大多数情况下确实如此。正如我们提到的，向某个方向运行的股票倾向于向原本的方向继续运行，并且突破新高或新低（特别是经过一段横盘整理之后），这肯定了趋势的持续性。然而，一个突然的反转或陷阱也常常可能出现——就如同其他图表形态会反转一样。所以，一旦发现情况不对，就迅速准备放弃持仓，这是成功的投资者最重要的素质之一。

在股价运行一段时间之后形成的伴随着高成交量的陷阱结构，是关键趋势反转的标志。一旦陷于多头陷阱，持有者要落袋为安，交易者可以开始卖空。在任何陷阱结构情况下，那些被套的短线交易者都应该迅速止损，直到情况明了；而长线投资者应该认真审视自己的仓位。如果其他因素——比如股票长期走势、公司前景、税务情况和商业周期——是有利的，他应该继续持有并且"苦熬下去"。

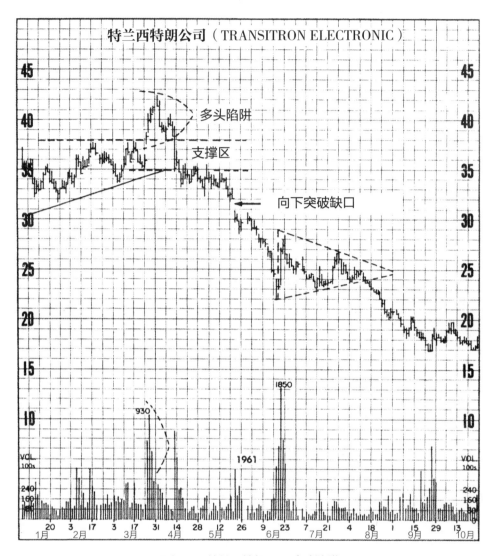

图表47：特兰西特朗——多头陷阱

对多头来说，这仿佛是一个愚人节的玩笑（1961年4月1日愚人节是星期六，但是新高是在下一个交易日创下的，即4月3日）。突破新高时交易活跃，并且在整个"陷阱结构"形成过程中成交量都很大。这也意味着大量多头被套，并为之后的下跌做了准备（1965年1月底跌至14⅛）。在陷阱结构出现之前，股价从60美元跌下来后，在超过6个月时间内进行横盘整理。回看从1960年1月1日以来的走势图（本图未显示），可能得出的结论是，虽然在45美元附近有阻力，但股票盘整的时间足够长、基底足够大，因此能支撑股价重返高点（60美元）。总之，如果困在陷阱里，当股价在4月13日带大量下穿支撑的时候，应该引起警觉。5月17日出现向下突破缺口后，向下的趋势已经不可逆转了。

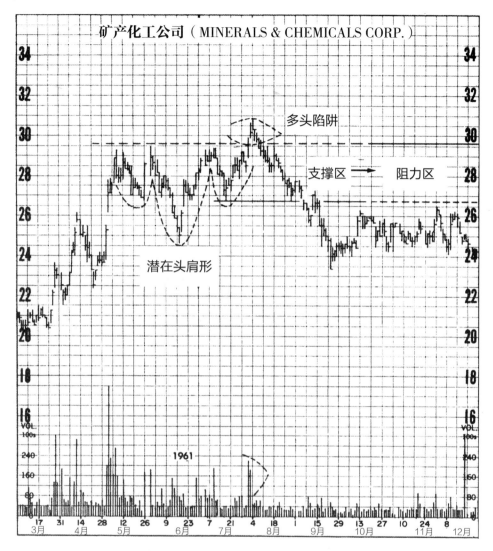

图表48：矿产化工——多头陷阱

　　这是一个不同寻常的案例。1961年3月，股价从20上涨到30左右，然后出现了看起来像头肩形态的走势。在三次尝试突破29½的阻力失败后，股价在8月初最终成功带量突破新高，通常这也代表着新一波的上涨。但是好景不长，价格又跌破了29½——在突破之后，这里成了一个支撑。然后右肩的低点也被跌破，这样便形成了多头陷阱，为进一步下跌做好准备。"事后诸葛亮"的观点可能会认为，上涨一段后出现的头肩底结构都有些可疑。这种说法有些道理，但是很多有效的头肩底也发生在上涨阶段。这仅仅是一个罕见的失败的头肩底案例，它以形成多头陷阱而告终。

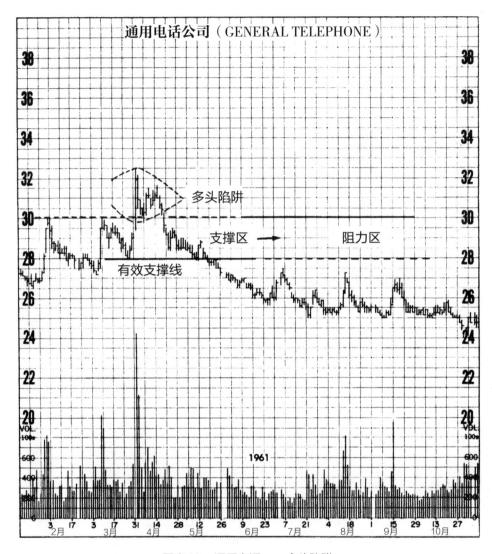

图表49：通用电话——多头陷阱

　　在图表中呈现的图形之前，通用电话的股价从1960年10月的23¾美元开始上涨。在1961年2月和3月，带量反弹到30左右；此后在4月3日和4日，价格带量突破新高（128页特兰西特朗的多头陷阱在同一天形成）。在这个点，技术分析者通常会认为是另一波上涨的开始。然而，这之后反弹势头减弱，并且在两周后，价格跌破了突破日（4月3日）的区间，进入28～30的支撑区间。这个下跌关上了"陷阱"的大门，之后价格跌破28的有效支撑，大门被紧锁。多头陷阱引发的跌势到24左右止稳，但是之前28附近的支撑区变成了有效的阻力区。在7月和11月间的四次反弹也止步于这个阻力区。

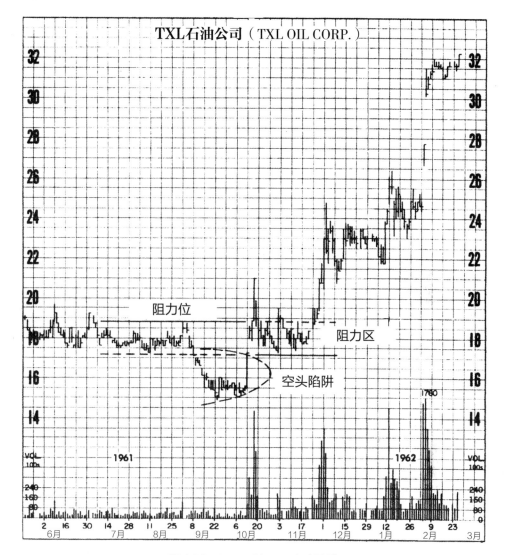

TXL石油公司（TXL OIL CORP.）

图表50：TXL石油——空头陷阱

　　空头陷阱和许多在低位形成的反转形态区别在于，下跌到新低之前发生的成交密集形态不同。TXL的空头陷阱中，股价跌破新低之前横盘整理了至少几个月的时间，这种走势和多头陷阱相似。但是，空头陷阱跌破新低时，通常成交量不会放大。这种差别的合理解释是，空头或卖空者在市场中比多头要少。通常，卖空者比普通投资者更加老道。本章4个案例中有3个是多头陷阱，因为它比空头陷阱发生的频率要高不少。

第 **13** 章
大盘指数

迄今为止，我们讨论的一直是个股。但是，每个人都在讨论的"市场"又是怎么回事呢?

事实上，没有人会只针对市场本身投资，就像没有人会在一场比赛中押注所有的马一样。投资者必须把钱投在个股上，而不是市场大盘指数中。然而，大众也很关心整个市场如何表现，会通过那些受欢迎的指数来衡量大势。当"市场"往上走的时候，持股者备受鼓舞——即使他自己的股票是下跌的。这也没错。正如华尔街的老话所说:"当他们突袭房间的时候，会掳走所有的人——包括钢琴手。"换句话说，当市场处于很强的上升趋势或下降趋势时，它迟早会带动大多数股票，即便有些股票在特定时间内表现不同。这也很合理:很显然，大众对于投资和商业展望的态度会影响到所有个股。当整体市场低迷的时候，个别股票呈现的多头态势也免不了遭到瓦解。这通常发生在市场转折点。许多股票能够抵抗住市场趋势，但是对于个股而言概率很低。因此，无论技术分析者跟踪哪些股票，他必须对市场整体出现的不利情况保持警觉。换句话说，**市场整体是个股的总和。**

分析者主要关注市场中期走势是"牛市""熊市",还是"中性"。也就是说,相比关注大盘的每天走势或历史长期趋势,他更关注可能让市场波动10% ~ 25%的中期走势,因此这些趋势对个股表现的影响较大。

用技术分析的方法去预测市场——也就是说,用市场过去和现在的行为去预测未来的走势——可以追溯到20世纪。技术分析鼻祖查尔斯·道、威廉姆·汉密尔顿和罗伯特·雷亚,用一组个别股票组成的指数表现来代表市场进行分析。

道琼斯平均指数的流行便源自他们的著作。其中最受欢迎的是道琼斯工业指数,以最具代表性的30家工业股票为编制对象,被称为工业指数主要是为了区别于铁路和公用事业(虽然很奇怪,美国电话电报公司被归为工业类)。大盘指数的成分股数量通常相对有限,所以指数对于某些成分股的表现比较敏感,但是道琼斯工业指数被证明是观测整体市场波动相当有效的指标。《纽约时报》25种工业指数也是相当不错的一个指标。

选取有限的成分股去预测市场整体走势的主要原因是方便。原来的指数由人工用纸和笔编制而成,而如今计算机使得更复杂的编制方法变得可行。标准普尔公司采用纽约证券交易所挂牌的500只领先股票制成指数,这500只股票的市值占交易所总市值的90%。它用每股的股价乘以股票的流通股数,然后将所有股票的市值加起来,并将其简化为指数,每小时更新一次。当然,即便是这样的一个指数,也不能反映市场的所有情况。举个例子,它无法显示哪只股票最活跃,也无法显示你所持有的股票表现。分析者不应该只依赖一种信息来源而忽视其他信息,说不定哪个信息就会展示出重要的线索。

粗略地说,一个指数是通过所有成分股市值相加后,除以成分股种类数量,再以某个期间的数值作为基准(通常给定100),进行比较后得出。举个例子,如果联邦储备委员会的生产指数在某个月是114,也就意味着其产量比基准期(1957年)高出了14%。由于一些股票的重要性超过其他股票,而且很多股票都会时不时拆股或发行股票红利,很有必要用加权的方法来编制,避免出现扭曲。有时候,由于合并或者其他变动,指数中的股票需要被替换掉。

基本的市场预测技术方法是针对一个或者多个指数进行严格的图表分析。我们在之前的章节讨论过的图表分析技巧不仅适用于个股，也适用于不同的指数。多种指数存在的另外一个优点是，它们可以互相佐证或确认。举例来说，道氏理论的一个基本宗旨就是，铁路指数必须能够确认工业指数（或者相反），从而确认趋势反转的有效性。这一原则要追溯到很久之前，当时铁路股票代表着交易最多的股票；不过，现在传统的道氏理论追随者仍然坚持这种互相确认的方法。

道琼斯工业指数对市场情况非常敏感，它被视为一个领先指标，但也应该和覆盖范围更广的标准普尔500指数互相确认，以避免误读。标准普尔指数经常会在趋势初期首先给出信号，这可能是因为道琼斯指数会受到其中一两只成分股个别表现的严重影响。然而，即使标准普尔首先指向一个新的趋势，也要等待道琼斯指数的确认。这种确认技术是否有效，可以参考后面几页的案例。

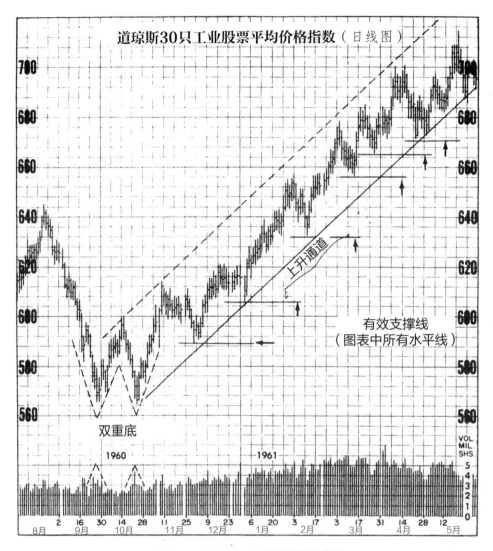

图表51：道琼斯工业指数日线图分析

　　正如第1章中所述，图表分析技术适用于日线、周线、月线图，同样也适用于大盘指数。上面的图表描绘了道琼斯工业指数从1960年8月到1961年6月的每日高点、低点、收盘价等。尽管这个指数由30只成分股组成，但双重底、上升通道和所有的支撑、阻力概念都适用于这个指数的图表。上升趋势线在5月底被轻微跌穿，尽管紧接着股价又创下新高，但这一跌穿被证明是有效的警示，因为上升趋势在这个区间被打断，最终向下反转。

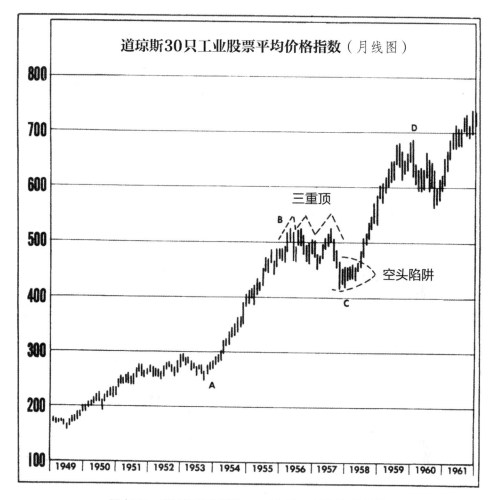

图表52：道琼斯工业指数——1949—1961年月线图

　　上方的道琼斯工业指数月线图显示了美股历史上最大的牛市之一（1949—1961）。它不仅展现了历史，也展现了各种形态。在1957年之前，技术分析者分析这一趋势轻而易举，但是1957年出现了三重顶，随后又出现了空头陷阱。三重顶确认之后，股价下跌到了1956年低点之下。保守的技术分析者会认为在1957年图形已经走坏，应该卖出手里的股票。然而，随后的反弹又带领股票穿过三重顶，创下新高后完成了空头陷阱，也形成了可测量走势。粗略计算，从A点到B点的涨幅（250到525）约等于C点到D点的涨幅（415到690）。被这段走势捉弄的技术分析者，应该好好学习在下一个章节讲到的其他重要技术分析方法。

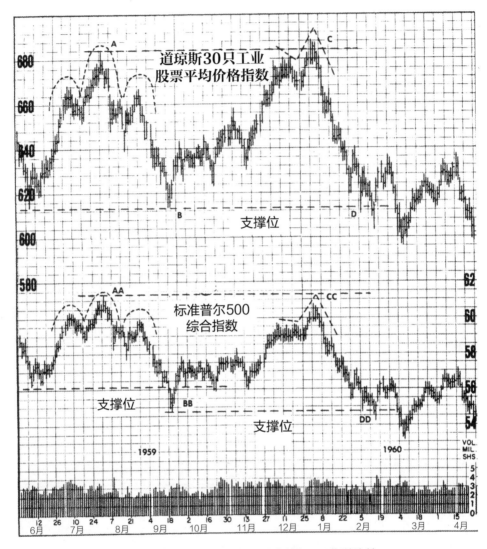

图表53：道琼斯工业指数和标准普尔500指数比较

　　1959年7月底，道琼斯指数和标普500指数都创下了历史新高。随后，两个指数都走出斜向下的头肩顶形态（A和AA）。头肩顶完成后，下跌走势中的成交量没有明显放大，这削弱了头肩顶作为反转形态的力度。然后，标普500向下跌穿了之前的支撑位（BB），但是道琼斯指数没有跌破。没有道琼斯指数的确认，向下的趋势是不明确的。随后，道琼斯指数创下了历史新高（C），但是标普500并没有创下新高（CC）。由此，它否认了道琼斯指数的新高多头信号。到了2月份，两个指数都跌破了前期的支撑位（D和DD），确认价格走势转弱。1960年后期，道琼斯工业指数跌破了565，而标普500指数跌到了52左右。

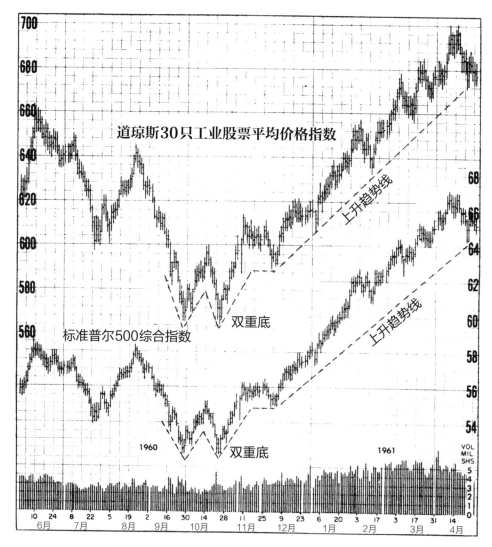

图表54：道琼斯工业指数和标准普尔500指数比较

这张图表再次比较道琼斯指数和标普500指数，用以说明两种指数彼此确认的重要性。从上一页的图表中可以看出，缺乏确认就无法得出准确的结论。现在这幅走势图中，从1960年6月到1961年4月期间，两个指数几乎走势重合。在9月、10月和11月，两个指数形成了几乎一模一样的标准双重底形态（有平台），这预示着向上主升浪的开始。两个指数的上涨也几乎一模一样。唯一的技术区别是趋势线的形成：一直到4月份，道琼斯指数都紧贴着从第二个底部形成的趋势线运行；而标普500的趋势线则不是很明确。

第 **14** 章

更多指标

在过去上百年中，很多技术都被应用于预测市场趋势之中。加菲尔德·德鲁在他的《在股票市场里盈利的新方法》中描述了很多这样的技术指标和体系。有意思的是，每个方法都在某个时期取得过一些成功，但是没有一个系统会永久奏效。葛兰碧在他的《股票市场利润最大化策略》中也列出了很多指标和系统，通过分析它们的成败，形成了一套买卖股票有效的技术分析体系。有些方法被广泛运用，另一些则比较新，但葛兰碧的处理方法比较新颖。

葛兰碧的书中介绍了55种日常指标和许多中期趋势指标，它们都经受住了时间的考验。其中最重要的是腾落线、卖空比率和巴伦信心指数。

腾落线

股价指数无法反映某一天上涨股票数量和下跌股票数量的比例。经常会出现大盘指数在上涨，而大多数股票在下跌（或者相反）的情况。这或许是因为少数龙头股很强，或许是因为上涨家数虽少，但是涨幅超过了下跌幅度。所以分析师想出了一些衡量市场宽度的指标，用于解释在某一天交易的不同股票的交易量以及上涨或下跌的比率。市场宽度指标会比大盘指数更早反映市场的真实强弱，而大盘指数会被一些权重股掩盖真实的市场走势。

腾落线就是这些指标中的一种。葛兰碧通过加总每天的上涨家数和下跌家数，然后用较大值减去较小值，得到他说的"累计差值"。实际算法要比听起来容易一些，让我们用图47表格中的三天假设数据来进行解释。从很多报纸中都可以获得上涨和下跌家数的数据。你可以任意选取开始日期，然后持续计算，因为这个指标的重要意义在于它的趋势，而不是数字本身。

图47

腾落指标数据表

	上涨	下跌	累计上涨	累计下跌	累计差值
周一	600	400	600	400	+200
周二	525	460	1,125	860	+265
周三	470	510	1,595	1,370	+225

累计差值一栏里的数字被用于绘制腾落线。

葛兰碧给出了以下几点原则来解释腾落线：

1. 当道琼斯工业指数下跌，而腾落线上升，市场将会转升。

2. 当道琼斯工业指数上涨，而腾落线下跌，市场将会转跌。

3. 大盘指数和腾落线的背离强度和时间揭示了反弹或者回撤的强度。

4. 腾落线本身不会精确反映反弹或者回撤的时间，只是显示这些走势会很快发生。

5. 当道琼斯工业指数走到前期高位附近，而腾落指数低于上次高位时，市场整体情况是偏空的；如果腾落指数高于之前创高时的数值，那么表明价格会很快创下新高。

6. 当道琼斯工业指数接近新低，而腾落指数高于之前创低的位置时，市场整体情况是偏多的，也就是说前低不会破；但是如果腾落指数低于之前创低时的数值，那么股价破新低近在眼前。

腾落线也可以和其他指标一起使用。读者应该根据自己的需求加以运用。

巴伦信心指数

1932年，《巴伦周刊》发明了一个有趣的衡量市场信心的指数，而由于葛兰碧的一些贡献，这个指数在后来引起了相当多的关注。这个指数能够通过图表化的一组数据，显示投资者的投资意愿。其做法是对比现有市场上高等级债券和低等级债券的收益率或投资回报率来测量情绪。一般来说，低等级债券风险高，收益率自然也高。在投资者对经济信心很足的情况下，也会认为低等级债券的违约风险变小，而将高等级债券转移到低等级债券，因此低等级债券的收益率也会下降。这会使得低等级债券和高等级债券之间的收益率差距缩小。

这和股票市场有什么关系呢？从理论上讲，债券投资人是更加专业和理性的投资者——也被叫作"理财通"（他们大部分是大型信托和基金的经理人）。他们当下对于经济的看法很可能在2到4个月后被股票市场的大众接受。事实证明，信心指数也倾向于领先市场指数2到4个月。因此，如果信心指数见顶回落，那么在之后的60～120天内，股票市场也可能有相同的走势。上涨的时候亦然。

警告：对这个指数的图形解释有一点特殊。不超过十分之一的突破没有太大意义，完成了某种形态后的上涨或者下跌才有意义。这类走势可能预示着牛市的开始或者结束。

从1932年的历史记录来看，巴伦信心指数大概在85%的时间内领先市场达60～120天。也就是说，在15%的时间里，这个指数会落后于或大幅领先于（很多情况下超过5个月）市场指数。股市大跌的年份，信心指数便出现了这15%的情况。比如在1929年、1937年和1946年，信心指数领先5个月甚至更久。如果信心指数向下，而股票市场快速上涨，由此产生的背离会最终导致股票市场在几个月后延伸性下跌。

卖空趋势和卖空比率

既然有信心指数，那为什么没有悲观指数呢？其实有一个。巴伦信心指数的衡量对象是债券投资人，而这个指标的衡量对象是卖空者。

卖空是职业投资交易员或有风险意识的投资者从股票下跌中获利的一种方法（有时也仅仅是为了保证投资者能抵御下跌风险，或者为了避税目的，这里不予讨论）。无论如何，分析师都会同意一个看似有点矛盾的观点：看空的人越多，市场越可能走出多头行情。

其中有两个原因。首先，一个很有基础的理论是：华尔街的分析师认为大众经常是错的——也就是说，任何时间，每当所有人都说大盘会下跌时，那么大盘就会上涨；反之亦然。当大众投资者明确感知到了经济形势的时候，股票市场早就有所反应了。

另一个理由更加明显，它在于卖空本身的性质。卖空者要向他的券商借股票来放空，最终还要买回相同数量的股票来还给券商。他放空的时候是空头，回补的时候是多头（过去做空代表未来的潜在买盘）。所以，卖空的比率或卖空的仓位（两者都指卖空却未回补的股票数量）为股价形成了缓冲作用。如果股价下跌，卖空者就会买回股票，及时落袋为安；如果股价上涨，卖空者就会着急买入以减少损失。

因此，卖空数量增加是多头的表现，卖空数量减少是空头的表现。每个投资者都应该留意他们关注的每一只股票的卖空数量，主要交易所都会在每个月15日汇总这个数据，一些大的报纸或金融出版物也会转载这一数据——至少会报道那些热门股或者还有大批卖空单未回补的股票。

卖空仓位的重要性取决于成交量。一个5000股的卖空仓位在一天成交10000股的股票里不是很重要，但是对于一个交易日成交量只有500股的股票就意义重大。如果市场本身交投活跃，那么即便是一个大的卖空仓位也不会影响太大，因为回补会被卖单消化。但是如果在一个交投不活跃的市场，即使是一个小的卖空仓位也可能引发大的反弹。

卖空比率，指的是卖空未回补仓位和每日成交量的比值。举个例子，如果一个卖空仓位共有4,000,000股，平均日交易量是3,500,000股，那么卖空比率大约是1.14。

一个普遍的规则是，当卖空比率大于1.5时，市场可能处于"超卖"状态，且前景看多；当比率低于0.5，那么市场较弱，下跌可能性大；如果介于1.0~1.5之间，则被认为是偏多；在0.5~1.0之间则是偏空。

趋势线公司零股指数

还有一个指标也越来越受欢迎，它也基于上文所说的理论，即大众是错误的。当一个新的趋势已经被散户感知的时候，"理财通"早就已经行动，且已经在谋划下一步的发展。正如"弄潮儿"引领潮流，当大众都被吸引的时候，他们早已采取相反的行动了。

市场有一个衡量"小散户"情绪的敏锐指标，也就是零股交易量（零股指成交量少于1手，即100股的交易）。零股交易由特殊的交易商负责，他们保证库存供应，然后通过高于或低于市场的价格买入或卖出零股，和其他券商交易。每天他们都会公布有多少股被买入或卖出（包括多少被卖空），这样我们就能知道"小散户"是买入大于卖出，还是相反。

加菲尔德·德鲁设计的技术方法，对于根据零股交易来预测市场贡献很大，其理论的前提是零股交易者总是错误的。趋势线公司——一家领先的股票图表出版商——发现这种方法有其合理性，于是发明了趋势线零股交易指数来显示零股交易的趋势。其计算方法如下所示：

1. 通过研究1937—1960年24年间每周零股交易的买入与卖出比值，可以确认买入的数量多于卖出的数量（一方面因为一些交易者买入零股是为了凑整，另一方面是因为市场一直在扩容，并且长期看是上涨的）。

2. 正常的比率11：10被设为正常的买入线。

3. 以正常买入线为基准，每周的比率都被绘制在图表上。

4. 每年11月1日到1月20日期间，指数会做季节性调整。研究发现，每年11月1日到12月20日，零股买入的成交量会缩减；12月20日到1月20日，成交量会上升。

很显然，当指数在正常买入线之上，零股交易者比正常水平买入更多；如果指数在正常买入线之下，零股交易买入低于正常水平。经过多年的研究和观察，以下原则被用于解释这个指数：

1. 在多头趋势中，零股交易的买入量始终低于正常水平。这可以帮助确认市场的上升趋势是否合理。

2. 在上涨末端，零股交易的买入量高于正常水平，直到进入盘头阶段。市场头部期间的零股买入量往往最强。

3. 在下跌初期，零股交易的买入量也高于正常水平。随着市场的下跌，买入量也逐渐减少。

4. 在有效底部，零股交易的买入量经常低于正常水平。

没有一个指数、方法或系统能够精确预测市场。然而，明智地运用本章列出来的一些方法且相互印证，能够大幅提高胜率。

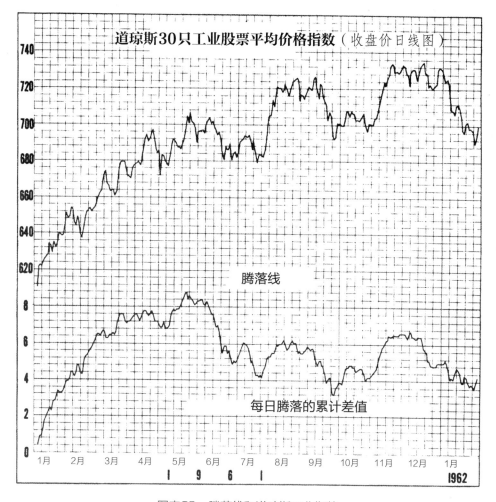

图表55：腾落线和道琼斯工业指数

　　分析任何一个指标时，都要尽可能地同时参考其他指标。另外，对于指标的解释只能用作指导原则，不应该奉为教条。仔细观察1961年1月到1962年1月的腾落线，可以看出1961年初腾落线的急速上涨预示着道琼斯工业指数随后的大涨。腾落线在1961年6月见顶，尽管道琼斯工业指数随后持续创新高，但腾落线的下跌对于技术分析者来说是个预警指标，暗示指数上涨并不会持续。1962年1月道琼斯工业指数的下跌也验证了这一推理。在1961年的大部分时间里，道琼斯工业指数并不能反映大多数股票的情况，反而腾落线更具代表性。

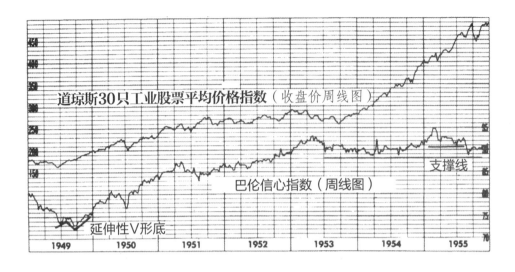

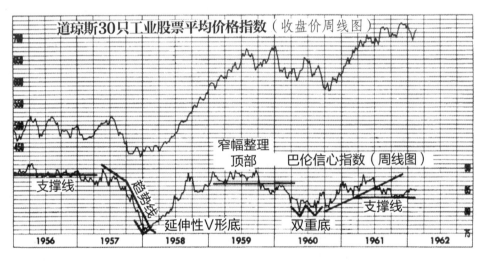

图表56：巴伦信心指数和道琼斯工业指数

　　大多数信心指数的使用者会用指数的变动来预测大盘指数的走势变化。但是，作者更喜欢这一指数的不同用法，比如把信心指数作为形态研究对象。图中主要形态结构的形成对于预测信心指数和大盘指数的趋势非常重要。1949年的V形底预示着长期的牛市即将到来，直到1956年和1957年走势跌破重要支撑之前，都没有形成顶部。1958年1月，信心指数走出向下的趋势线，形成了一个延伸性V形底。1959年形成的顶部引发了信心指数的一波下跌，之后趋势被1960年的双重底形态反转。此后趋势一直向上，直到1961年6月，趋势线被跌破；但是1—3月形成的支撑线底部没有被跌破，主要的空头信号也没有形成。

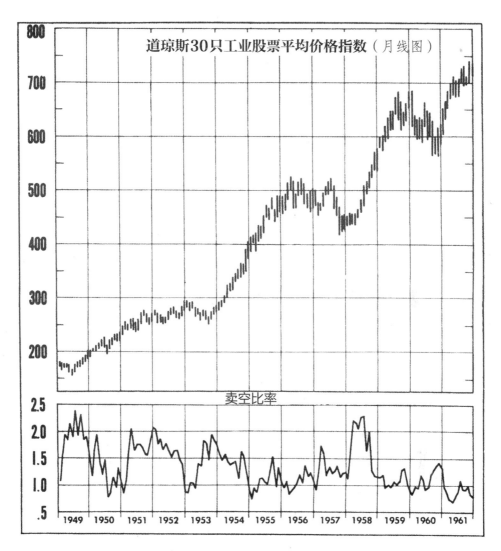

图表57：卖空比率和道琼斯工业指数

　　本章在介绍如何使用卖空比率时提到，如果比率超过1.5，就表明市场前景是多头的。研究1949年到1961年的道琼斯工业指数和卖空比率趋势图后可以发现，这个法则非常有效。仔细观察图表，似乎可以把法则修改为"若比率超过2.0，行情极度看多"，这一现象发生在1949年和1958年。从前一张图表可以看出，1958年早期的情况非常悲观，但是这项指标给出了行情极度乐观的信号，在很大程度上可以帮助抵消掉对图形的悲观解释。当指标跌破0.5时，对行情的解读为空头信号，在0.5 ~ 1.0被认为是警告区间。在该图中的整个时间段内，这项指标都没有出现空头或者说超买信号。

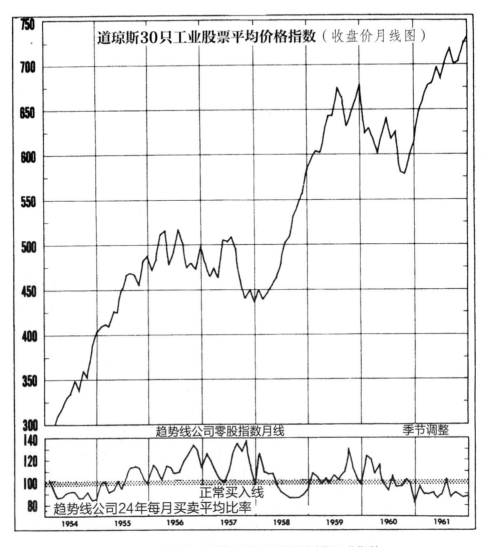

图表58：趋势线公司零股指数月线和道琼斯工业指数

　　本页和下页对比了趋势线公司零股指数和道琼斯工业指数的走势图，显示出零股指数可以有效预测道琼斯工业指数的转折，并用来确认多头走势的可持续性。从长期角度看，观察零股指数和道琼斯工业指数的月线图可以看到，1954年和1955年的大部分时间（多头年份）里，零股指数一直在正常买入线之下，在此期间道琼斯工业指数也不断上涨。1956年，零股指数高于正常买入线，指数的上涨停滞。1956年和1957年，零股指数跳升到正常水平之上，释出空头信号，并且道琼斯工业指数随之修正。1958年，零股指数远低于正常水平，指数再次强劲上涨。对于1959年、1960年、1961年的分析在下一页。

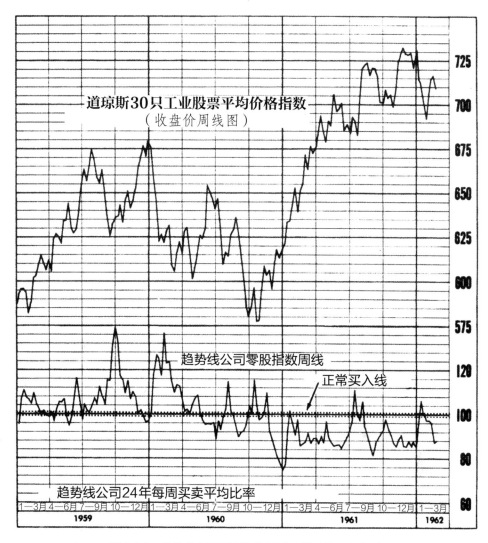

图表59：趋势线公司零股指数周线和道琼斯工业指数

　　为了做出比前几页更详细的分析，我们采用了趋势线公司零股指数和道琼斯工业指数在1959—1961年的周线图。这张图显示了零股指数和大盘指数的走势关系。1959年9月，股价在急跌之后，零股买入大涨，大盘指数也随后上涨。1960年1月和2月，在市场急跌之后，零股买入大涨，此后市场又出现了连续几个月的上涨。然而，在这两个例子中，大盘指数的涨势都持续时间不长，且不久之后又创下新低。1960年12月，零股买入远低于正常水平，这是1961年股票大多头的预兆。1961年在正常水平之下的零股买入，也进一步确认了多头趋势的可持续性。

第 **15** 章

200日移动平均线

　　股票市场的技术分析师们为了发现和预测趋势，尝试了很多方法，也试验了很多年。为了平滑每天的价格波动，很多人会使用移动平均线。举个例子，一个经济学家在研究每月新建项目合同的数据，想要减少某个大单合同对于月度成交量的影响，他可能采用3个月移动平均线——也就是说，为了得到3月的数据，他会计算2月、3月和4月实际数据的平均值。同理，4月的数据是平均3月、4月、5月的数据得出的，以此类推。他把这些数据绘制在一幅图上，从而可以得到一个可靠的趋势线。市场分析中也会用到相同的方法，上一章描述的腾落线（上涨家数/下跌家数）也是一种移动均线。

　　移动平均线的优势是简便，只需要简单的数学计算方法，而不依靠个人判断。

　　在衡量长期趋势的时候，200日移动平均线是最受欢迎的。设置这个指标最烦琐的环节是把一只股票连续200天的收盘价加总，然后除以200，从而得到200日平均数。第201天的数据是把第一天数据剔除后，加上第201天的收盘价，以此类推。

　　包括葛兰碧在内的很多分析师，找到了一个令人满意且不烦琐的方法：连续

30周每周只用其中一天的收盘价。趋势线公司通过连续加总30周中每周四的收盘价，然后除以30，得出200日移动平均线。每周，新一周的数据会被加进去，原来最早一周的数据被剔除。这样的移动均线和日线图被同时绘制在股价图表上用于比较。

葛兰碧列出了8个用于解释这类图表的基本法则：

1. 如果200日移动平均线下跌后角度变平或者向上，且股价向上穿过移动平均线，这是一个主要的买入信号。

2. 如果股价跌到移动平均线下，但是移动平均线仍然向上，这也是一个买入信号。

3. 如果股价下跌到移动平均线附近，但是没有跌穿200日移动平均线且拐头向上，这也是一个买入信号。

4. 如果股价暴跌且远远低于下降中的移动平均线，短期内可能反弹。

5. 如果移动平均线在上升之后转平或者下跌，并且股价向下穿过移动平均线，这是一个卖出信号。

6. 如果股价上涨到移动平均线之上，但是移动平均线还在下降，这也是一个卖出信号。

7. 如果股价在移动平均线下，且朝移动平均线上涨，但是没有穿过移动平均线就拐头向下，这是一个卖出信号。

8. 如果股价暴涨且远远高于上升中的移动平均线，短期内可能向下反弹。

需要强调的是：这些准则不应该被机械化地使用，它仅仅是另外一套分析工具——是基本技术分析的补充。在判断行情转折上，首先应该考虑的是日线图。200日均线不是一个敏感的信号，趋势反转早在移动平均线转折之前就已经发生了。

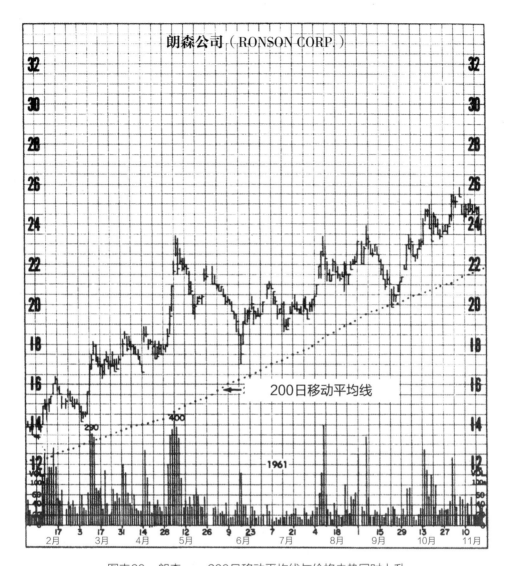

图表60：朗森——200日移动平均线与价格走势同时上升

　　多头行情通常运行在200日均线以上。上图中，股价和200日均线上升的走势十分相似。5月初，股价脱离移动平均线向上反弹，最终被证明是短暂的。在本例中，移动平均线是预测趋势发展最好的指标。趋势线，甚至支撑线和阻力线，都可能有误导性；但是在上涨过程中，移动平均线清楚地显示了价格移动的方向。本章提到，移动平均线是"对技术分析的一个补充"。在本例与后面的例子里可以看到，有时它也会是主要的工具。

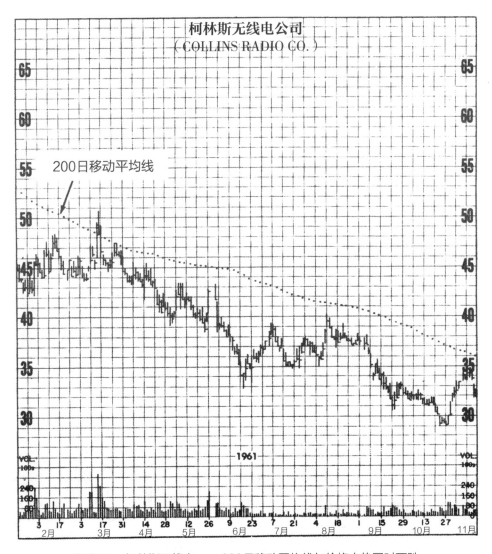

图表61：柯林斯无线电——200日移动平均线与价格走势同时下跌

　　这个图表看起来像是朗森趋势图（图表60）的镜像翻转。在下跌趋势中，股价在移动平均线之下运行，其对于均线的吸引力与上涨趋势中一样强烈。本例中，移动平均线是主要的分析工具。如果不依赖均线，大多数有经验的技术分析者都会被3月的反弹迷惑，因为它突破了之前的两个压力位。但是葛兰碧第6条法则提到："如果股价上涨到移动平均线之上，但是移动平均线还在下降，这也是一个卖出信号。"当图表形态变得令人迷惑的时候（这种情况经常出现），移动平均线不失为对图形分析的有效补充。

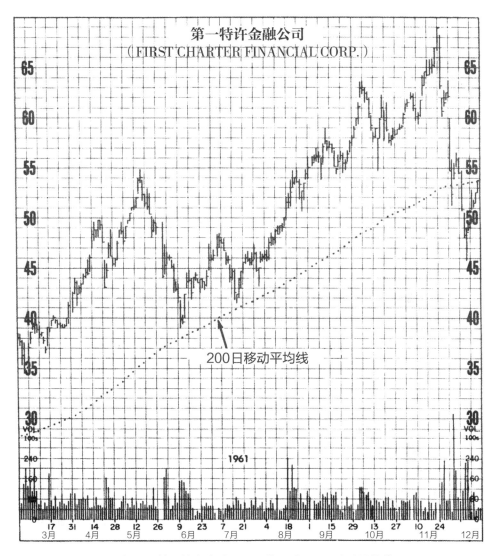

第一特许金融公司
（FIRST CHARTER FINANCIAL CORP.）

200日移动平均线

1961

图表62：第一特许金融——股价回试200日移动平均线

　　葛兰碧第8条法则提到："如果股价暴涨且远远高于上升中的移动平均线，短期内可能向下反弹。"在本例中，这个法则对于短线交易者应该很有用。5月份股价在55美元，高于移动平均线19个点；3周后，股价调整16个点到了移动平均线附近。同样的情形在11月和12月重复——但是有两个不同点：5月和6月回撤时成交量很小，股价也没有触及移动平均线；在11月和12月，下跌时成交量放大，并且价格带量下穿移动平均线。技术分析者应该意识到，这不是一个简单的回撤，而可能是一个巨大的反转。

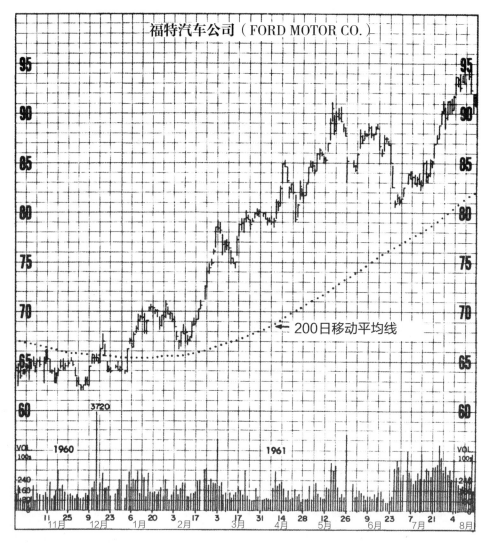

图表63：福特汽车——200日移动平均线显示重要底部

　　在1961年1月的第2周，股价反弹突破了一个重要的阻力位（68½），并且形成了上升趋势。在3周内，这个反弹第2次向上击穿了移动平均线。考虑到葛兰碧第1条法则，"如果200日移动平均线下跌后角度变平或者向上，且股价向上穿过移动平均线，这是一个主要的买入信号"，这次的上穿（或者3周之前的上穿）应该被解释为这种信号。过去的研究表明，这个法则和第5条法则（与主要的卖出信号相关）会给出假的信号且容易产生误读。因此，建议在把穿过平均线解释为买入或者卖出信号时，也要参考股价本身的走势加以确认。

第 **16** 章
获利

有能力的技术分析师对市场的正确判断要多于误判，这样就足够让他们盈利了。但是即便有能够预测股票价格的超能力，也无法保证在市场中战无不胜。预测是一回事，交易是另一回事。

正如华尔街的一句老话所说："预测埋下了种子，交易收获了果实。"即便预测告诉你股价会上涨，也需要采取合适的交易策略，从而决定投入多少钱去承担风险、何时买入、何时卖出。一个好的预测者如果不会交易，他也会破产；而一些好的交易者，尽管不是好的预测者，仍然可以变得富有。事实上，华尔街有很多聪明的分析师从来没有在市场上赚过钱。我的一个朋友评论这些人"头脑灵活，但是鞋里有洞"。图表分析必须和适当的交易或者投资计划相结合，才能补上"鞋里的洞"。

华尔街的评论家喜欢用军事术语来讨论金融市场。我们常听说市场被称为有着"买卖突袭"和"牛熊之战"的"战场"。如果采用军事术语，图表分析技术和其他分析公司前景的方法都是很好的武器，但是为了赢得战斗，采取合适的策略也很有必要。一个合适的投资计划在书本里是找不到的；它必须和个人的性格以及财力相吻合。这里我们尽量提供一些简单的准则。

首先，一个人必须有行动计划。有计划总比没计划要好。你的计划必须回答下列几个问题：

1. 你准备投资的资金是多少？

2. 你能承受多大的亏损？

3. 你的投资目标是什么？

4. 你如何进场？

5. 你如何退出？

1. 你准备投资的资金是多少？

有远见的投资者不应该动用基本生活资金，比如住房、保险、为紧急情况预备的现金、最低退休金，等等。伯纳德·巴鲁克的基本原则之一是"永远不要把你所有的资金都投入到市场中"。甚至最好不要把你的所有投资资金都投入到市场中。举个例子，如果在扣除基本的生活需求之后，你还剩下2万美元，比较明智的做法是根据市场的机会和你对市场情况的分析，投入资金的比例介于10%~90%。在投入更多的资金之前，你需要有利润垫，且对整体市场前景的判断极为乐观。额外的现金会为你提供灵活机动性，并帮助你维持客观的看法，这对于市场分析来说极为重要。

2. 你能承受多大的亏损？

对于没有经验的投资者，"亏损"是个很难堪的词。有经验的投资者都知道，任何形势都有可能突然变坏。正如拿破仑允许在战场上有犯错的空间，你也必须接受市场逆境的存在。一个好的投资者必须提前决定他愿意承担多少风险、承受多少损失之后退出。

股票市场一直存在，如果你想赢得下一次的生存机会，就必须知道要什么时候抽身。机会总是垂青聪明的分析者——前提是他不会在一次或两次无法避免损

失的情况下破产。一个成功的交易应符合10%法则，即如果一只股票买入后亏损
10%，交易者就要止损离场。他可以给经纪人下一个止损单（一个预指令，如果
股价跌破止损价，卖出指令生效），也可以给自己下一个心理止损指令——这个
需要很强的自制力。有些交易者允许自己的亏损扩大到25%也是合理的，这要结
合自己的财力、税务情况、利润垫和其他因素综合考虑。

3. 你的投资目标是什么？

一旦你知道要投入多少资金和承担多少风险，便应该对投资目标有清晰的把
控。你可以把利润目标设定为25%、50%或100%——记住，一般来说，风险越大，
利润就越高，反之亦然。你可能喜欢和趋势共舞，使用金字塔交易法——也就是
说，股票越涨越买。这种办法必须有一个自动离场机制相配合，比如说止损单，
即随着价格上涨，在特定距离之外设定停止卖单。当然你也可以不用这些方法，
只通过分析图形来决定何时卖出。无论用哪种方法，在投资之前都应该有个目标，
并且坚持它。

4. 你如何进场？

你可能有很多方法挑选心仪的股票，或许是喜欢公司的产品或者崇拜它的管
理层——或者你有某些小道消息。如果小道消息的来源可靠，那么不妨考虑一
下，但是如果仅仅依赖小道消息买入就是严重的错误（正如著名交易员杰西·利
弗莫尔所说，"如果你按照史密斯的消息买入，你就必须根据他的消息卖出"）。

你应该找到关于股票的所有信息。读公司的季报和年报、穆迪或标准普尔的
数据、券商或投资公司的研报。你甚至可能要写下公司的信息。一定要做完整的
关于公司销售额、利润、现金流（利润减去折旧）的功课和其他基本面研究。然
后再研究图表，如果图形构造是多头的，并且你的其他研究也支持，那么投资成
功的概率就很大。此外，图形也会帮你找到最佳买点——在突破点、支撑线或缩
量回档区。你应该决定你想在这只股票上投入多少资金，以及是打算一次性买入
还是分批买入（回调时买入或者上涨时买入）。永远不要越跌越买，这只会扩大你

的损失。从数学上讲，这会降低你的成功概率，除非你对这只股票有坚定的信念，且你拥有强大的神经以及充裕的资本。

5. 你如何退出？

这无疑是投资计划中最难的部分。华尔街投资人——无论是职业的还是业余的——最常见的抱怨就是"我应该早点卖掉"和"我应该多持有一段时间"。

这里，你必须有一个目标和一个行动计划。如果你的投资系统较为机械性，你要做出这些决定：（1）你愿意承担10%的投资损失；（2）你要在三次中做对一次；（3）你必须清楚当你正确的时候，盈利要超过30%才能赚钱。许多交易者设定了50%或100%的固定目标。

一本畅销书作者宣称，追踪性止损单会创造巨大的利润。他会在成交密集区（他称之为箱形整理区间）提高止损价格，也会在不正常的回调中自动卖出。这种方法确保他总是在最高价以下的某个位置卖出。不过，正如伯纳德·巴鲁克在他的自传里所说："只有骗子才能卖在最高价，买在最低价。"一个纯粹的技术分析者，会用技术分析工具决定何时卖出。当他的分析提示他上涨在放缓或反转在即，或者反转已经在形成过程中，他会决定卖出。等待反转确认是一个非常好的方法，但是同时需要极强的自制力，有些人因为不够客观而永远无法使用这种方法。

再重复一次：**任何计划都胜于没有计划**。并且，投资计划是一件非常私人的事情。你必须知道自己的优点和弱点，选取的方法不仅要满足自己的需求，还要有持续性。笔者最近在两位非常有名的股票作手的文章中发现他们都有惊人相似的想法。其中一个说，了解市场重要的方法是"了解你自己"；另一个认为："成长的关键在于建立系统性的个人评估体系。随着我越来越了解自己，我也会越来越了解其他人。"

当然，除了你的个人缺点外，你的经济条件、你可以用于研究市场的时间、你的经验对制定投资计划都非常重要。

第**17**章

陷阱和利润

技术分析是艺术，而不是科学，如果投资者忘记这一点，前方就会有许多陷阱等着他。让我们回顾一下技术分析的局限性。

突发事件：那些突发的事件可以在毫无征兆的情况下改变图形的趋势。这些事件可以是对战争的恐惧、"和平的恐慌"或引发市场情绪变化的令人意外的政府行为；也可能是影响一个公司或者行业的利好或者利空。华尔街投资人清晰地记得，在1956年艾森豪威尔总统突发心脏病后，在数小时内股市数十亿级美元的财富消失一空。代理权之争、反垄断行为、新产品、并购都会明显地影响趋势。图表分析是基于市场心理，而不是戏法；也不像那些"纯粹的"理论家所想的那样，所有事件在发生前，都会反映在股价走势图上。简而言之，图表分析不是占卜盘。

犹豫不决：股票市场有三分之二的时间在决定剩下三分之一的时间的走势。有经验的技术分析者会对这句话产生共鸣。他经常会被问"走势说明了什么"，而答案往往是"什么也没有"。（然而，尽管大部分股票在大多数时间不会给出什么信号，但时时刻刻都有一些股票在变动或准备变动。）在所有的股票中，总有些股票的走势不错。

没有两片相同的树叶：股市的魅力之一就是，就像人与人各不相同，每一种情形都有差异。因为没有两个图形是完全一样的，对于它们的解释要依靠技术分析者的经验、判断力和想象力。葛兰碧把图形解读比作弹钢琴。每个人都按乐谱弹，但是弹出来的曲子却是不同的。就像一个小孩问一个老妇人，做什么才能去卡耐基音乐厅演奏，回答永远是："练习！练习！"

不明所以：有时候，那些看似确定的、非常明显的趋势或形态会在没有任何缘由的情况下瓦解。即便事后反思也是不明所以。这种事不会经常发生；事后分析通常可以找到原因。但是，这种情况确实有可能出现。

怪癖：许多股票有它们自己的性格，也倾向于重复某些行为——或者表现得毫无规律以至于无法跟踪。在第二种情况下，分析师就会说"这个股票的图形不适合分析"。某只股票可能经常形成双重底或双重顶；另一只股票会形成圆形底或顶；还有一只股票可能忽然反转。这都没什么值得大惊小怪的。一只股票可能会吸引特定的交易者，他们可能有特定的交易行为。一只股票可能经常被自己的周期影响，或者由于每股收益的变动，股价会被影响。这些股票的个性在这里被称为陷阱，但是它也是一个机会。那些熟悉股票长期行为的投资人会对操作这只股票很有信心。

潮汐：正如之前所说，即便是最确定的形态，也会受大盘影响，在没有任何征兆的情况下瓦解。因此，聪明的分析者也会跟踪整体市场情况——包括技术面和基本面。

总结

我们强调图表分析的局限性，一部分原因是回想起1929年的股市大崩盘。在某些经纪行里，分析师为了避免被嘲弄和批评甚至把图表藏起来。当然，如今已经时过境迁。现在无论是银行、共同基金、保险公司、养老基金和券商都在学习技术分析。

不仅机构投资人会学习技术分析，越来越多的大众投资者也会研究它。我也见过数以百计的读者写给《每日股票图表》杂志社的信，信里描述了他们如何利用图表取得投资成功的故事。这个杂志本身并没有推荐任何股票，只是用图表的方式给出一些基本事实，但是读者认为走势图起到了很大的作用。图表不能保证每次都赢，但是它们可以做到以下几点：

通过显示可能的支撑位与阻力位，以及显示趋势反转的信号，帮助你决定什么时候买进，什么时候卖出。

通过不同寻常的成交量或价格行为，让你对一些公司的投资机会给予更多关注。

帮助你决定当前趋势是向上、向下还是盘整——以及趋势是在减缓还是在加速。

让股票一生的历史凝于一瞥，让你知道自己是买在反弹还是回撤，价格是逼近历史高点还是低点。

无论是基于经济基本面分析还是其他因素——比如消息或者直觉——它们都能为你提供肯定或否定的工具辅助。

总之，如果没有它们，我们该如何处之？

量价分析

量价分析创始人威科夫的盘口解读方法

著者：（英）安娜·库林
ISBN：9787515344379
定价：59.00元
出版社：中国青年出版社

美国亚马逊量价分析主题图书长期排名榜首。

威科夫量价分析法至今被华尔街所有投资银行奉为圭臬。

杰西·利弗莫尔、J·P·摩根、理查德·奈伊所倡导的盘口解读法。

内容简介

每一次我们进行交易时，都会面临这样一个问题，"接下来的价格会是什么样的？"量价分析将提供答案。在交易中只有两个最重要的指标。一个是价格，另一个是成交量。如果孤立地看这两个指标，我们得到的信息不多，但如果将这两个力量相结合，就会产生一个非常有力量的分析方法。

量价分析之父理查德·威科夫曾多次采访杰西·利弗莫尔、J·P·摩根，发现这些大师都拥有一个共同点：就是将行情纸带作为投资决策的依据，通过价格、成交量、时间、趋势发现最基本的供求规律。他们都是盘口解读的倡导者。

本书详细阐述了理查德·威科夫分析方法的精髓，系统介绍了量价分析方法的各个层面，用简单易懂的方式解释这其中的常识与逻辑，包括量价分析的首要原则、市场是如何被操纵的、需要注意的重要的K线图形态、支撑位与阻力位、动态趋势和趋势线、价量分布分析，所有这些构建起了完整的量价分析法。

本书是从局内人（做市商）的视角写作的，阐释了局内人的行为轨迹，以及为什么量价分析是帮助你真正看到市场内部行为的唯一方法。作者帮助你洞察他们的行为，识破他们的伎俩，破译市场信号，跟随他们的行动，在他们买入的时候买入，在他们卖出的时候卖出，成为局内人以外的能够从市场中获利的群体。